René Zeyer

Zaster und Desaster

René Zeyer

Zaster und Desaster

Neue Storys aus der Welt der Abzocker

orell füssli Verlag AG

Umschlagabbildung: © iStockphoto.com
Umschlaggestaltung: Andreas Zollinger, Zürich
Druck: fgb • freiburger graphische betriebe, Freiburg

ISBN 978-3-280-05384-3

Bibliografische Information der Deutschen Nationalbibliothek:
Die Deutsche Nationalbibliothek verzeichnet diese Publikation in der Deutschen Nationalbibliografie; detaillierte bibliografische Daten sind im Internet über http://dnb.d-nb.de abrufbar.

FSC
Mix
Produktgruppe aus vorbildlich bewirtschafteten Wäldern, kontrollierten Herkünften und Recyclingholz oder -fasern
www.fsc.org Zert.-Nr. SGS-COC-003993
© 1996 Forest Stewardship Council

«Bank, Banker, Bankrott»: Das waren 88 Storys aus dem wahren Leben der Finanzindustrie. Die Finanzakrobaten machen fröhlich weiter und verdienen sich auch im Jahr zwei der Krise unredlich dumm und dämlich. Sie haben sich 50 neue Storys redlich verdient.

Eins

«Herr Brönnimann, womit kann ich Ihnen heute behilflich sein? Sie überlegen sich einen Wechsel der Anlagestrategie? Natürlich, Herr Brönnimann, dafür sind wir Private Banker ja da, wäre Steueroptimierung, Nachfolgeregelung, aktive Bewirtschaftung auch ein Thema für Sie?» Während Philipp Kuster am Telefon vor sich hinplauderte, rief er die Kundendaten von Brönnimann ab und wunderte sich, wieso das so schnell funktionierte. «Aber ja, Herr Brönnimann, so etwas bespricht man am besten persönlich, da haben Sie völlig recht», raspelte Kuster weiterhin Süßholz. «Einen Moment, Herr Brönnimann, kleine Sekunde, ich muss da schnell noch etwas abklären, bin sofort wieder bei Ihnen.»

Kuster hatte die kleine Liste von Brönnimanns Guthaben überflogen, Lohnkonto, Sparkonto, Depot-Konto, alles zusammen schlappe 450 000 Franken, dann noch eine müde Hypothek auf einer Eigentumswohnung in Niederhasli, so eine verdammte Sauerei, sagte sich Kuster. Er legte Brönnimann in die Warteschlaufe und drückte auf die Direktwahl für seinen Assistenten: «Müller, Sie Riesenpfeife», bellte er dann ins Telefon, «was fällt Ihnen eigentlich ein, diesen Brönnimann zu mir durchzustellen? Glauben Sie denn wirklich, ich kann meine Zeit mit solchen Hungerleidern verschwenden? An dem verdienen wir doch im Jahr keine 9000 Franken, und selbst dafür müssen wir sein Depot zweimal umschichten. Ich bin hier Direktor Private Banking und kein Bancomat! Was? Wollte unbedingt mit seinem persönlichen Kundenbetreuer sprechen? Überlegt sich den Ankauf von Aktien? Ja Heilandsack, da kriegt er die übliche Broschüre, da kann er dann ankreuzen, ob er konservativ oder gewinnorientiert anlegen will, und ab die Post. Was? Bestand darauf? Na und, jetzt habe ich den an der Backe, also das war Ihr letzter Fehler diese Woche, ist das klar?»

Den Müller haue ich raus, dachte Kuster, wir müssen ja schließlich alle Opfer bringen. Dann räusperte er sich, zog eine Grimasse und lockerte sich die Krawatte. «Herr Brönnimann? Danke, dass Sie gewartet haben. Nun, wie ich schon sagte, so etwas bespricht man besser persönlich, nicht wahr? Genau. Ich nehme an, Sie sind mit unserer kleinen Gebührenordnung vertraut? Ah, sehen Sie, deswegen erwähne ich das gerne, bei Ihrer komfortablen finanziellen Ausstattung» – Kuster kniff ein Auge zusammen und öffnete den Mund zu einem lautlosen Lachen – «ist es durchaus sinnvoll, sich aktivere Möglichkeiten der Bewirtschaftung des Kapitals zu überlegen. Genau. Nun, ich muss Ihnen da allerdings offen sagen, dass dafür eine Grund-Fee von 8 Promille des investierten Kapitals oder mindestens von 8000 Franken anfällt, dazu kämen dann natürlich noch Courtage, Stempelgebühren, Auftragsabwicklung, Depotgebühren, nicht zu vergessen … Wie bitte? Sie möchten eigentlich nur ein paar Aktien in Ihr Portefeuille nehmen? Nun, eine solche aktive Bewirtschaftung, lieber Herr Brönnimann, verstehen Sie mich nicht falsch, macht nun eigentlich erst ab einem Betrag von, nun, sagen wir mal ab einem Betrag mit sechs Nullen einen Sinn, nicht wahr, denn erst dann kann durch entsprechende Hebelwirkungen ein Ertrag erzielt werden, der es erlaubt … Ja, deswegen erkläre ich Ihnen das ja, gehört doch alles zum Service im Private Banking. Ja selbstverständlich, Herr Brönnimann, ich lasse Ihnen gerne einmal entsprechende Unterlagen zusammenstellen, nein, das ist natürlich gratis, wir schreiben ja Service groß, Herr Brönnimann. Genau, das studieren Sie dann in aller Ruhe, und dann melden Sie sich wieder bei mir. Richtig, rufen Sie mich ungeniert wieder an, dafür bin ich da, denn wir schätzen Ihre Treue zu unserem Bankhaus außerordentlich. Ja, und auch Ihnen noch einen wunderschönen Tag. Wie bitte? Gerne, bei der Gelegenheit können wir uns auch die Spesen bei der Kontoführung Ihres Gehaltskontos genauer anschauen, da lässt sich sicher etwas optimieren, prima.»

Kuster legte den Hörer auf die Gabel und schrieb ein Memo an Müller: «Wenn ich den Namen Brönnimann in diesem Jahr noch einmal höre, dann kriege ich einen Blutrausch, alles klar?»

Dann löschte Kuster den Text und schrieb: «Schicken Sie Brönnimann unsere Standardbroschüre, B-Post. Und schreiben Sie ihm

20 Franken Kontoführungsgebühren gut, Treuebonus. Und stellen Sie ihn nie mehr, wirklich nie mehr zu mir durch.»

Das neue Jahr fängt ja gut an, seufzte Kuster und machte sich schon im Februar Sorgen um seine Ferienbräune, die er sich im St. Regis auf Bora Bora zugelegt hatte. Zwei Wochen Luxusbungalow auf einer Privatinsel, vom Bett konnte man direkt ins Meer hopsen, Entspannung pur, das hatte er nach den etwas turbulenten Zeiten des vergangenen Jahres auch dringend nötig gehabt. Und die Woche davor im weihnachtlichen St. Moritz, nun, da hatten die Russkis zwar immer noch mit Kaviarbüchsen um sich geschmissen und literweise Champagner in platinblonde Nutten reingeschüttet, aber Neuanlagen waren nur ganz zäh hereingetröpfelt. Dabei hatte Kuster dort in besseren Zeiten in einer Woche locker 20 Tonnen geholt, schon die Hälfte seiner Jahresvorgabe an neuen Kundengeldern.

Kuster seufzte. Und jetzt dieses Gezeter über Boni-Banker, dachte er, denkt denn niemand mehr daran, wie schwer ich dafür arbeiten muss, damit ich mich auch dieses Jahr wieder auf Bora Bora entspannen kann?

Kuster schaute auf seine goldene Patek Philippe und seufzte. Ist doch eine Schande, dass das mechanische Wunderwerk so genau die Zeit angibt, tickt halt genauso exakt und zuverlässig wie wir Schweizer Private Banker. Noch drei Minuten genau, dann muss ich mal wieder zeigen, dass ich nicht nur mein Grundgehalt, sondern auch meinen Bonus wert bin. Er zerrte sich sein verbindliches Kundenlächeln ins Gesicht, knöpfte sein Brioni-Jackett in dezentem Bankergrau zu und machte sich auf den Weg.

«Frau Wehrli, schön, Sie zu sehen», sagte Kuster und steigerte dabei seine Phonstärke gewaltig, denn Frau Wehrli war nicht nur halb blind, sondern auch schwerhörig. Galant rückte er ihr den Stuhl zurecht. Kuster hatte extra das Besprechungszimmer für HNWI-Kunden reserviert, schwerer Eichentisch, gediegenes Holzgetäfer an der Wand, dezente Kunst aus dem Fundus der Kreditunion drangehängt, zwar kein Anker oder Hodler, aber idyllische Alpwiesen mit urchigen Bauern. Dabei war Frau Wehrli gar kein *High Net Worth*

Individual mit ihren bescheidenen fünf Mio im Depot, und viel von ihrer Umgebung kriegte sie auch nicht mehr mit, aber diesen Extraservice meinte ihr Kuster schuldig zu sein, ganz der verbindliche Schweizer Private Banker, solide, seriös, *Swiss fine Banking at its Best,* wie Kuster gerne zu sich selbst sagte.

«Sehr freundlich von Ihnen», mümmelte Frau Wehrli, während sie das Stützli-Schokolädli zerbiss, das ihr Kuster aufmerksam hatte reichen lassen, «Sie verwöhnen mich ja.»

«Aber Frau Wehrli», wehrte Kuster lautstark ab, «wenn es Ihnen gut geht, geht es mir auch gut.»

Frau Wehrli lächelte geschmeichelt: «Nun, junger Mann, ich weiß, dass Sie Wichtigeres zu tun haben, als Ihre Zeit mit einer alten Frau zu verschwenden, ich wollte eigentlich nur wissen, wie es denn meinen 9 Millionen so geht, um die Sie sich immer so nett kümmern.» Kuster war froh, dass Frau Wehrli wahrscheinlich nicht mitbekam, wie ihm das verbindliche Bankerlächeln etwas verrutschte. «Sie wissen ja, Alphons selig sagte immer, mach dir keine Sorgen, wenn ich einmal nicht mehr bin, dann kümmert sich der Herr Kuster um dich, auf den kannst du dich immer verlassen.» Deshalb hatte Alphons selig Kuster auch eine Vermögensverwaltungsvollmacht ausgestellt, die ihn testamentarisch verfügt überlebt hatte. Also hatte Kuster die ursprünglich 7 auf 9 Millionen gesteigert und für sich und seine Bank im Verlauf der Jahre eine weitere Million an Fees, Kommissionen, Verwaltungsgebühren, Retrozessionen und Kickbacks abgegriffen. Und ein paarmal im Jahr den Besuch von Frau Wehrli über sich ergehen lassen, die sich zunehmend wackliger vom Zürichberg an die Bahnhofstrasse begeben hatte, um sich höchstpersönlich von der pfleglichen Behandlung zu überzeugen, die Kuster der Hinterlassenschaft von Alphons selig angedeihen ließ.

Etwas die Stimmbänder strapazieren, zwei, drei Stützli-Schokolädli, dann begleitete Kusters Assistent Frau Wehrli zum Ausgang und drückte dem dort wartenden Taxifahrer einen Gutschein in die Hand, was Frau Wehrli jedes Mal besonders entzückte, weil sie nicht mitbekam, dass man ihr wieder einmal 100 000 Stützli Depotgebühren abgeknipst hatte. Dafür gab's dann auch zu jedem Geburtstag von Frau Wehrli einen Blumenstrauß mit einer handgeschriebenen Glückwunschkarte von Kuster und zu Weihnachten die Supersonderschachtel Stützli-Schokolädli mit allen besten Wünschen für die Feiertage und eine von zwanzig Lebensweisheiten, die sich Kuster von seinem Assistenten extra für besonders wichtige Kunden googeln ließ, damit das Ganze auch den *personal touch* kriegte, wie Kuster gerne sagte. Denn individuelle Kundenpflege, das war das Sahnehäubchen im Private Banking.

Aber jetzt waren nur noch 5 Tonnen in Witwe Wehrlis Depot, denn wer hatte denn schon ahnen können, was für ein Riesenschlamassel die Amis wieder anrichten würden. Und als Kuster Mitte 2008 noch für 4 Mio Lowman-Papiere in Wehrlis Depot drückte, da hatte er eigentlich nur an die 5 Prozent Extrakommission gedacht, mit der er sich dann seine Winterferien auf Bora Bora finanzierte. Beim Schnorcheln in den wunderbaren Korallenriffen direkt vor seinem Privatbungalow hatte ihn dann zwar kurz der Gedanke an das bevorstehende Gespräch mit Frau Wehrli durchzuckt, aber das nehmen wir *step by step,* hatte er sich gleich wieder beruhigt. Was kann ich denn dafür, wenn ich als Private Banker nicht mehr den Anlageempfehlungen unserer Heerscharen von Analysten vertrauen kann, die mit den modernsten Computern bewaffnet ganz weit in die Zukunft schauen können? Und die hatten schließlich, noch einen Tag bevor Lowman hops ging, nur rosarote Wölkchen an den Horizont gemalt, wobei ihnen alle hochbezahlten Spezialisten der Rating-Agenturen aus vollem Herzen zustimmten.

Aber an diesem kalten Februartag saß Frau Wehrli vor ihm, wischte sich dezent die Lippen mit ihrem Hermès-Schal ab und schaute ihn erwartungsvoll an. Kuster zögerte keine Sekunde: «Alles bestens, Frau Wehrli, alles großartig, nirgendwo sind Ihre 9 Millionen sicherer als bei einer Schweizer Traditionsbank. Vielleicht noch ein Schokolädli?»

Denn lügen, ohne rot zu werden, gehörte inzwischen auch zur Grundausstattung eines seriösen Schweizer Privatbankers.

Zwei

Hugentobler hatte es wie ein Blitz aus heiterem Himmel getroffen. Womit habe ich das verdient, seufzte er. Eigentlich wollte er nur noch die letzten zwei Jahre vor seiner Frühpensionierung absitzen. Oberes Kader, sieben Abteilungen unter sich, Schnittstelle zwischen, Hugentobler dachte einen Moment nach, das letzte Organigramm hatte er, wie seine unzähligen Vorgänger, ungelesen gelöscht, na ja, Schnittstelle halt, Koordination von irgendwas, direkt rapportieren an den COO, der seine Rapporte aber glücklicherweise auch ungelesen löschte, denn Hugentobler hatte nie eine Antwort, pardon, ein Feedback bekommen.

Nachdem er seine Ambitionen, vielleicht doch noch den Sprung in die erweiterte Geschäftsleitung zu schaffen, begraben hatte, fand er seine Position, abgesehen von den gelegentlichen unsäglichen Fortbildungskursen, pardon, Updates, im Rahmen von Challenge 2000, Challenge New Century, Challenge Beyond und wie der Quatsch auch immer hieß, eigentlich ganz angenehm. Gelegentlich einen Mitarbeiter wegbeißen, der zu offensichtlich auf seinen Stuhl schielte, gelegentlich mal eine Aufgabe, pardon, Task annehmen, sie selber lösen, wenn es nicht mit zu viel Arbeit verbunden war, sie an einen seiner drei Stellvertreter delegieren, wenn sie nach Arbeit aussah, sie an den Stellvertreter delegieren, der ein gewisses Gefährdungspotenzial ausstrahlte, wenn die Task mal wieder nicht nur Schwachsinn, sondern unlösbarer Schwachsinn war, also alles angenehme Routine. So konnte er sich in Ruhe darauf konzentrieren, sein Handicap auf eine sagenhafte Sieben zu verbessern, und schon häufig hatte er die Kataloge diverser Condominiums studiert, in Florida, Indonesien und auch auf ein paar kleinen Inseln in der Karibik oder im Pazifik. Alle natürlich in der Nähe eines 18-Loch-Platzes, und bis gestern hatte er diese Entscheidung für die schwierigste und eine seiner letzten wichtigen im Leben gehalten. Und nun das.

Dass die EBS nicht gerade toll dastand, war Hugentobler nicht entgangen. Da er aber seine Aktienoptionen immer sofort ausgeübt hatte und sein Geld in einer netten Stiftung in Liechtenstein lagerte, die, sicher ist sicher, von einem Trust auf Guernsey-Island eingerichtet worden war, der seinerseits von einer Briefkastenfirma auf den Bahamas kontrolliert wurde, gelernt ist gelernt, hatte Hugentobler gedacht, war ihm das eigentlich schwer am Allerwertesten vorbeigegangen. Er hatte schließlich keinen Rappen in ein Derivategebastel investiert, weder in CDO noch in irgend sonst einen Wettschein ohne Wert.

Als er das erste Mal seit Jahren gestern dem COO gegenübergesessen hatte, war sein erster Reflex gewesen: Sofort kündigen, was soll denn das … Denn nachdem ihm der COO erklärt hatte, dass die EBS nicht nur nicht so toll dastand, sondern eigentlich pleite sei, und zwar pleite im Sinne von: Bücher deponieren, Bancomaten sperren, aus die Maus, war Hugentobler noch nicht sonderlich beeindruckt gewesen. Kommt halt davon, wenn man den Kanal nicht voll genug kriegen kann, hatte er gedacht, zwölf Milliarden in einem Jahr an Boni abräumen, und das Ganze gespeist von Luftnummern, aufgepumpt mit virtuellem Geld, das konnte ja auf die Dauer nicht gut gehen. Dazu hätte ich nicht an der Hochschule St. Gallen studieren und noch ein paar Jährchen irgendwelche Post-Graduate-Kurse an lähmend langweiligen renommierten Businessschools besuchen müssen, dafür reichen die Grundkenntnisse der Grundrechnungsarten.

Hugentobler hatte sich schon überlegt, wie er noch möglichst viel Abgangsentschädigung aus dem COO rausbrechen könnte, denn er hatte fest damit gerechnet, dass das die Einleitung zu seinem Rausschmiss war. Aber um die Logik eines COO zu verstehen, reichten die Grundrechnungsarten dann doch nicht aus.

Hugentobler wollte gerade ein paar mitfühlende Geräusche machen, als der COO ihn mit einer Handbewegung unterbrach: «Wir werden auch diese kleine Turbulenz überstehen, lieber Hugentobler, denn wir sind natürlich unsinkbar, sozusagen.» Genau wie die Titanic, hatte Hugentobler gedacht, es aber nicht gesagt. «Wenn wir unsere Geschäftstätigkeit einstellen müssten, würde die gesamte Schweizer Wirtschaft einen Schaden erleiden, den man sich gar nicht vorstellen kann, das wäre ein Erdbeben, vielleicht wäre sogar die Existenz der Schweiz gefährdet, Hugentobler.» Ja, ja, hatte der gedacht, die berühmten letzten Worte, ich bin unersetzbar, immer der letzte Schritt weiter in den Realitätsverlust hinein, bevor man gefeuert wird. Dann geht die EBS halt hops, wäre nicht die erste Bank, der das passiert, und sicher auch nicht die letzte.

«Ja, das wäre unvorstellbar, in der Tat», hatte Hugentobler stattdessen gesagt und gedacht, dass er die Entscheidung, in der Nähe welchen Golfplatzes er sich niederlassen würde, doch schneller als angenommen treffen müsse.

«Genau», war der COO fortgefahren, «diese Option ist out of question. Wir haben bereits alle Alternativen geprüft und einen Weg gefunden, das Undenkbare zu vermeiden. Wir stehen da allerdings etwas unter Zeitdruck, und das Ganze muss strikt vertraulich, diskret, schnell und in einem ersten Schritt auch in den richtigen Kanälen abgewickelt werden.» Alle Alternativen geprüft, Entscheidungsbäume gebastelt, dann die Äste einen nach dem anderen abgesägt, wie ich dieses Blabla hasse, hatte Hugentobler gedacht, aber was hat das denn alles mit mir zu tun? Diese Frage wurde ihm aber schneller, als ihm lieb war, beantwortet.

«Nun, lieber Hugentobler, ich lege Ihnen hier kurz die Karten auf den Tisch, keine Zeit für die üblichen Umwege. Sie unterzeichnen mir zunächst bitte hier diese zusätzliche Vertraulichkeitserklärung, sie ist mit einer Konventionalstrafe von 50 Millionen Franken bewehrt, und hier habe ich Ihre Ernennung zum Außerordentlichen Sondergesandten der EBS mit allen nötigen Vollmachten. Sie ist vorläufig auf einen Monat limitiert, jederzeit durch den CEO und mich mit Doppelunterschrift terminierbar. Und das hier ist ein Bankcheck, nicht devaluierbar, über eine Million Franken, als Sonderprämie für die Tätigkeit, die mit diesem Mandat verbunden ist. Würden Sie bitte hier unterzeichnen, hier für die Promovierung zum Gesandten und hier für den Check quittieren?»

Hugentobler hatte leer geschluckt, das hatte er nicht erwartet. Entweder sofort kündigen oder eine Million in maximal einem Monat zusätzlich kassieren, überlegte er kurz. Und wofür, das würde er nur erfahren, wenn er unterzeichnete. Ist doch spannender als ein weiterer Fortbildungskurs, hatte Hugentobler dann gedacht, und eine Million zusätzlich, da nehme ich dann doch wohl die Villa in Florida, die mir alles in allem doch etwas zu teuer erschienen war. Und ohne zu zögern unterschrieb Hugentobler dreimal.

«Sehr schön» hatte der COO gesagt, «ich wusste doch, dass wir auf Sie zählen können. Nun, es geht um Folgendes. Morgen Nachmittag haben Sie einen Termin mit dem für solche Fragen zuständigen Mitglied unserer Landesregierung.» Oh, ich lerne den Bundeszwerg kennen, dachte Hugentobler, das ist nicht schlecht. Der kennt ja solche Probleme, den mussten wir doch mal vor Jahren auch vor der Pleite retten, als der seine Rheintaler Leihkasse gegen die Wand gefahren hatte.

«Ihr Mandat ist dabei folgendes. Er erwartet eigentlich unseren CEO oder den VR-Präsidenten, aber die sind beide morgen unabkömmlich. Also werden Sie sich zuerst als deren persönlich Bevollmächtigten identifizieren.» Tja, hatte Hugentobler gedacht, die haben halt ihre Villen in der Nähe eines Golfplatzes schon längst gekauft. «Und inhaltlich besteht Ihr Mandat darin, der Landesregierung klarzumachen, dass wir einen Überbrückungskredit brauchen, Valuta nicht später als in dreißig Tagen.»

«Okay», hatte Hugentobler gesagt, «wird denen nicht besonders gefallen, kann aber mal vorkommen, müssen die ja bei den aktuellen Turbulenzen auf den Finanzmärkten verstehen. Und der Betrag?»

Der COO zögerte einen Moment: «Nun, ohne da auf technische Details eingehen zu wollen und um Ihnen das big picture zu geben: Wir brauchen 80 Milliarden.»

Hugentobler hatte eine Sekunde gewartet, dann wollte er ein Gelächter anstimmen, in das der COO sicherlich einstimmen würde, aber der COO verzog keine Miene. «80 Milliarden, okay», hatte Hugentobler trocken erwidert, «und werde ich da von einer Ambulanz mit Reanimationsausrüstung begleitet?»

Aber der COO hatte wieder einmal bewiesen, dass er seinen Ruf, von tiefster Humorlosigkeit zu sein, zu Recht verdiente. «80 Milliarden», hatte der COO nur wiederholt, «da ist dann Ihre Million Sondervergütung bereits inbegriffen.»

Drei

Früher hatte Peter Kuhn über solche Schwächlinge immer gelacht, die links und rechts von ihm vom Kampfkarussell fielen, was die Karriereplanung in der EBS in Wirklichkeit war. Manche waren richtig ausgetickt, wenn sie der Straffung des Backoffice, der neuen strategischen Ausrichtung der Abteilung, der Neupositionierung angesichts der verschärften Wettbewerbsbedingungen oder schlicht und einfach einer Intrige zum Opfer fielen.

Magengeschwüre, Herzkasperli, Schwindelanfälle, Schlafstörungen, Existenzängste, Burnout, welche Weicheier, hatte Kuhn gedacht, Karriere ist Kampf, da werden keine Gefangenen gemacht, eine Kündigung muss man als Chance sehen, die mit mindestens zehn Prozent Gehaltserhöhung an der neuen Stelle verbunden ist. Ist doch ganz einfach, hatte Kuhn gedacht, wer zuerst vom Gas geht, verliert, so ist das im Banking des 21. Jahrhunderts.

Also hatte es Kuhn ganz cool genommen, als ihm Human Resources statt der von ihm erwarteten und eigentlich überfälligen Beförderung zum Prokuristen mit Kollektivunterschrift zu zweit die Kündigung serviert hatte. Das letzte Assessment habe leider eine gewisse Underperformance im strategischen Bereich ergeben, was nun dem Jobprofil im Rahmen des Change Management, dem sich die Abteilung Asset Allocation Europa verschrieben habe, nicht mehr ganz entspreche. «Das ist Ihr Problem, nicht meins», hatte Kuhn ungerührt erwidert, «wurde mir strategisch gesehen sowieso langsam etwas zu eng hier.»

Da er, im Gegensatz zu seiner Selbsteinschätzung, kein Abgang war, der besonderer Betreuung bedurfte, konnte er alleine ans Pult in seinem Großraumbüro zurückgehen. Dort nahm er die Postkarte mit der Wall Street drauf ab, die er als einzigen Schmuck an die halbhohe Wand gepinnt hatte, die seinen 1,4-Quadratmeter-Arbeitsraum vom nächsten Büroschwengel abgrenzte, überprüfte, ob er alle privaten Mails wirklich gelöscht hatte, und räumte ein paar Kugelschreiber und einen Stapel Visitenkarten in seinen Kunstlederaktenkoffer. Eigentlich war dieser belanglose, graue, schon leicht abgenützte Schreibtisch für ihn immer das Kommandopult gewesen, von dem aus er die Strategie seiner Karriere steuerte. Zunächst der eigene Glaskasten wie Supervisor Haas, der darin schon ganz schön wichtig tun konnte. Dann der Sprung zum Abteilungsleiter mit Eckbüro, richtigen Wänden und sogar einer kleinen Besprechungsbeule am Schreibtisch, wenn auch noch nicht eine Sitzgarnitur mit Glastisch. Und dann der Sprung aus dem Maschinenraum, wie er das Verarbeitungszentrum der EBS immer genannt hatte, an die Bahnhofstrasse. Nun, dachte Kuhn, dann wird der Weg dorthin halt über eine andere Bank führen. Er wollte als letzte Amtshandlung noch sein Telefon auf die Zentrale umstellen, aber als er den Hörer abhob, blieb die Leitung tot. Nicht schlecht, dachte Kuhn, so muss das im modernen Geschäftsleben sein.

Dann hatte er die übliche kleine Abschiedstour gemacht, den siebzehn Mitgliedern seines Teams die Hand geschüttelt, die Überraschung, Bedauern und die besten Wünsche für seine Zukunft heuchelten. «Wir sehen uns», hatte Kuhn ein paarmal gesagt, aber häufiger hatte er gesagt: «Wenn ich bei meiner nächsten Stelle einen Stellvertreter brauche, dann werde ich sicher nicht an dich denken.» Dann ein kumpelhafter Rippenstoß, und Kuhn hatte den Geruch des Großraumbüros, miefender Kaffeesatz und Fotokopierpapier, mit auf die Straße genommen und dort abgeschüttelt. Ein starker Abgang, dachte er.

«Endlich sind wir dieses Riesenarschloch los», sagte im Großraumbüro eines seiner Ex-Teammitglieder, das damit für alle sprach.

Kuhn lockerte seine Krawatte und bemerkte erstaunt, dass er um halb elf morgens einer der ganz wenigen Aktenkofferträger im Tram war. Zu Hause legte er wie immer sein D&G-Jackett über den Kleiderhaken in seiner Drei-Zimmer-Wohnung, gute Lage, 3000 Franken im Monat. Dann setzte er sich auf das De-Sede-Sofa, mitsamt dem größten Teil der Einrichtung geleast, 1500 Franken im Monat. Er überlegte sich, ob er mit seinem schwarzen Audi (geleast, 850 Franken im Monat, ohne Versicherung) eine kleine Runde drehen sollte, vielleicht ein Abstecher zu seinem Fitnessclub (300 Franken Monatsgebühr).

Dann goss er sich doch zunächst ein Glas Elsenham ein, sparkeling, aus England, 10 Franken pro Angeberflasche, aber er hatte gedacht, wenn sein Chef vielleicht mal zu Besuch käme, könnte er damit punkten. Das Edelwasser Elsenham, das hatte ihn überzeugt, auch «The Millionaire Water» genannt, das passte irgendwie zu ihm. Vielleicht sollte ich doch mal gleich den nächsten Karriereschritt in Angriff nehmen, sagte er sich dann.

Zwei Stunden später hatte er alle seine Bekannten durchtelefoniert. Drei hatten nur gelacht und aufgelegt, die meisten hatten gesagt: «Klar, ich höre mich um, wenn mir was über den Weg läuft, dann rufe ich dich sofort an», was Kuhn richtig als klare Aufforderung, sich selbst nicht mehr zu melden, interpretierte. Weitere vier hatten gesagt: «Ach ja? Wenn ich eine neue Stelle für mich gefunden habe, dann gehe ich das an, du stehst also auf Platz zwei meiner Prioritätenliste.»

Und Büchi, dieser Sack, mit dem Kuhn einige Nächte in Londoner Pubs durchgesoffen hatte, während sie den Fortbildungskurs «New Trading Strategies for Winners» besucht hatten, hatte kühl gesagt: «Kennen wir uns?», und dann gleich aufgelegt.

Okay, sagte sich Kuhn, das ist nicht ganz optimal gelaufen, war ja auch nur ein Schnellschuss. Dann halt Plan B. Und den Rest des Tages verbrachte er damit, ein windschnittiges Bewerbungsdossier zu basteln, mit allen Schikanen. Tabellarischer Lebenslauf, Qualifikationen, Assessments, Zeugnisse, Farbfoto oben rechts, stichwortartige Aufzählung seiner Kernkompetenzen, Erfolge, Fortbildungen, besondere Fähigkeiten (analytisch, organisiert, belastbar, lösungsorientiert, Winner-Typ). Dann hatte er alles auf eine CD gebrannt und zum nahegelegenen Copy-Shop gebracht. «Ja klar, auf 120-Gramm-Papier, gestrichen, im Schnellhefter, ist übermorgen fertig», hatte der Angestellte gesagt und seine CD auf einen beeindruckend hohen Stapel weiterer CDs gelegt.

Zwei Monate später saß Kuhn unrasiert um zehn Uhr morgens in seiner Wohnung und goss sich Leitungswasser in sein Glas ein. Er hatte 117 Bewerbungen verschickt, bei jeder einzelnen den zuständigen HR-Menschen heraustelefoniert und jede einzelne mit einem knackigen Einleitungsbrief versehen, in dem er kurz und knapp ausführte, mit welcher Begeisterung er sich in genau diese Bank hineindenken könne, die ja nun wohl wie maßgeschneidert auf seine Fähigkeiten angewiesen sei. Kuhn hatte nicht vermeiden können, in den letzten 18 Bewerbungen hinzuzufügen, dass er bezüglich Eintrittstermin sehr flexibel sei und notfalls auch innert 24 Stunden eine Vakanz ausfüllen könne. Sein Briefkasten hatte sich mit 56 dicken Couverts gefüllt, der Schluss der Begleitschreiben war immer identisch gewesen: «Deshalb senden wir Ihnen Ihre Unterlagen zu unserer Entlastung zurück und wünschen Ihnen in Ihrer beruflichen Laufbahn weiterhin viel Erfolg.» 17 Couverts waren weniger dick gewesen, der Schlusssatz im Schreiben lautete: «Wir gestatten uns, Ihre Unterlagen bei uns pendent zu halten und werden gegebenenfalls gerne auf Sie zurückkommen. Zurzeit sehen wir aber keine Möglichkeit, Ihnen ein Stellenangebot zu unterbreiten, das Ihren Qualifikationen entspricht.»

Unter besondere Ereignisse gab es noch den Anruf eines Herrn Wälti, HR-Management: «Herr Kuhn», hatte der ihn angeblafft, «spielen wir hier Pingpong oder was? Ich habe Ihnen Ihre Bewerbungsunterlagen letzte Woche zurückgeschickt, und jetzt liegt der Schrott schon wieder auf meinem Schreibtisch und wandert diesmal direkt in den Rundordner. Wenn ich mich in meinem Schreiben nicht klar genug ausgedrückt haben sollte: Kein Bedarf, überhaupt keinen, jetzt nicht, morgen nicht, nächste Woche nicht, nächsten Monat auch nicht.»

Zeit für Plan C, dachte Kuhn, die zwei Monate Lohnfortzahlung sind rum, meine rund 6000 Franken Fixkosten und meine schon arg runtergeschraubten 5000 Franken variable Kosten müssen ja finanziert sein, also bleibt doch tatsächlich nur der Gang zum Arbeitsamt. Dort hatte der Sachbearbeiter leicht genervt aufgeblickt, als ihm Kuhn eröffnete, dass er als unterste Limite für sein Einstiegsgehalt 200 000 sehe, allerhöchstens im ersten Jahr ohne Bonus. «Warum haben Sie sich nicht gleich nach Ihrer Entlassung angemeldet», fragte ihn dann der Sachbearbeiter, «da muss ich Ihnen einen Monat Karenzfrist bis zur ersten Auszahlung auferlegen.»

Kuhn hatte versucht, das wie ein Mann wegzustecken, und erwiderte cool: «Okay, no problem, und wie viel ist das dann?»

«Sie bekommen den Maximalbetrag von 7000 Franken.» Kuhn begann zu transpirieren, eilte nach Hause und goss sich einen Glenfiddich in das Wasserglas ein, jedenfalls den letzten Rest, der noch in der Flasche war. Wenn die Miete und alle Leasings von seinem Konto abgebucht waren, verfügte Kuhn noch über ein Kapital von haargenau 347 Franken, mit dem er einen Monat überleben sollte. Er goss den Whisky in sich rein und spürte, wie Panik sich mit eiskalten Fingern seine Wirbelsäule hochtastete und sein Magen sich in einen schmerzenden Knoten verwandelte. Das kann doch nicht das Ende sein, dachte er.

Vier

Kuster schaute matt auf den Tagesterminkalender. «Update Anlageempfehlungen», da würde er Müller, die Pfeife, hinschicken, das einzig Wichtige an diesem Blabla war ja nur die strikt vertrauliche Liste, für welches Gebastel es am meisten Kommission gab, plus die Budgetvorgaben. Langweiliger Routinekram. Nach acht Jahren Private

Banking hatte Kuster zwar immer noch nicht kapiert, wie ein Hedgefonds eigentlich funktionierte, und er hatte den dumpfen Verdacht, dass das nicht mal die Fondsmechaniker selbst wussten, von denen seine Kreditunion das Zeugs einkaufte oder speziell für den Eigengebrauch zusammenschrauben ließ. Aber seine Budgetvorgaben und Kommissionen, das hatte Kuster im Griff. Genauso wie seine Kunden, langsam war das wirklich zum Gähnen.

Kuster überlegte gerade, ob er nicht besser auch diesen Arbeitstag schon um 10 Uhr beenden wollte, als es plötzlich bimmelte und ein neuer Eintrag erschien: «Meeting Franz Bürgisser, 10.30 h, high priority, not to be changed, to be confirmed asap.» Wieso wir als Schweizer Großbank nicht mal in der Lage sind, ein deutsches Terminprogramm zu verwenden, dachte Kuster, was will denn der CEO von mir? Das wusste man bei Bürgisser nie, manchmal schien der sich einfach zu langweilen, und nach einer halben Stunde bei Kaffee, Mineral und Friandise durfte man das Chefbüro wieder verlassen, und Bürgisser war so trocken und humorlos, dass er das letzte Mal Kusters freche Abschiedsbemerkung, «schön, dass wir drüber geredet haben», nicht mal als Scherz erkannte. Wird ja wieder furchtbar wichtig sein, dachte Kuster und drückte auf den Bestätigungsknopf.

Dann drückte er auf die Durchwahltaste zu Müller: «Irgendwas vom Flurfunk gehört? Soll um 10.30 h beim Chef vortanzen.»

Müller meinte: «Wenn Sie schon fragen, also hier sprechen alle über eine mögliche Entlassungswelle, von den fünfhundert Mitarbeitern hier am Hauptsitz sollen mehr als hundert rausgestellt werden.» Kuster kicherte in sich hinein, das hatte er auch schon gehört, aber er als einer der drei besten Verkäufer mit ständiger Planübererfüllung, das ging ihn sicherlich nichts an, und einen Assistenten brauchte er garantiert auch, wer würde sonst seinen Terminplan im Griff haben, die ganzen Kunden abwimmeln, die Kuster mit irgendwelchem Kleinscheiß belästigen wollten, von den Reservationen in ausgewählten Lokalen und Hotels ganz zu schweigen.

«Na ja», sagte Kuster, «wenn das so ist, dann werden Sie es sicherlich als Zweiter erfahren, Kopf hoch.»

Kuster klickte sich noch ein Weilchen durch die Monatsprogramme vom Rotary, Lion's, Kiwanis und der drei Fressclubs und zwei Weinhandlungen, deren Mitglied er zwecks Kundengenerierung war, aber bevor er sich zur Offiziersgesellschaft, dem Yachtclub und den Alumni der HSG durcharbeiten konnte, war es schon 10.25 h. Also zurrte sich Kuster die YSL-Krawatte fest, mittelblau zum hellblauen Hemd, nahm das graue Brioni-Jackett vom Kleiderbügel, knöpfte den Zweireiher ordnungsgemäß zu und nahm vorsichtshalber einen Betablocker aus der wohlbestückten Büroapotheke, in letzter Zeit musste er doch vermehrt auf seinen Blutdruck achten. Dann schlenderte er zum Lift, hielt seinen Badge an den Sensor und tippte den vierstelligen Code ein, den man brauchte, um direkt in den sechsten Stock fahren zu dürfen.

«Hallo, Frau Grimm», sagte er dann mit strahlendem Lächeln zu Bürgissers Personal Assistent, aber bevor sie antworten konnte, wurde die schwere Eichentür zum Eckbüro des CEO aufgerissen, und Ackermann stürmte heraus, aschgrau im Gesicht. Zum ersten Mal sah ihn Kuster ohne sein unverwüstlich erscheinendes Lächeln, mit dem Ackermann sonst reihenweise deutsche Steuerhinterzieher über den Tisch zog und dazu überredete, sogar noch was dafür zahlen zu dürfen, dass die Kreditunion ihre Schwarzgelder beherbergte und auf eigene Rechnung gewinnbringend anlegte. Mit Ackermann hatte sich Kuster schon viele lustige Duelle geliefert, wer im Monat mehr Spesen produzierte, der Verlierer lud zu Petermann ein, auf Spesen natürlich.

Aber jetzt zischte Ackermann ihm nur zu: «Viel Spaß mit dem Arschloch da drin», und stapfte hinaus. Frau Grimm zu fragen, was da los war, wäre etwa so sinnvoll gewesen, wie gegen eine Panzertür zu treten, also setzte sich Kuster hin und war froh, einen Betablocker eingeworfen zu haben.

Frau Grimm schaute kurz von ihrem Kommandopult auf und sagte: «Herr Bürgisser bittet Sie, sich noch drei Minuten zu gedulden.» Kuster schaute auf seine goldene Patek Philippe und konzentrierte sich auf die Bewegung des Sekundenzeigers. Nach einer gefühlten kleinen Ewigkeit sagte Frau Grimm endlich: «Herr Bürgisser lässt bitten.»

Kuster meinte zu spüren, wie die elektronische Verriegelung sich löste, als er auf die schwere Messingtürklinke drückte, dann watete er durch den altmodischen Hochflurteppich zum bombastischen Schreibtisch von Bürgisser und wunderte sich ein weiteres Mal, wie man so geschmacklos sein und so hoch aufsteigen konnte, als er die Krokodillederschreibgarnitur betrachte, die neben einem Telefon und einem Familienfoto in einem viel zu großen Silberrahmen die einzige Dekoration auf der glattpolierten Oberfläche bildete. Da lag allerdings auch ein Blatt Papier, und Kuster beschloss, jeden Scherz über Ackermann zu unterlassen. Bürgisser winkte ihn in den Besucherstuhl, Kuster knöpfte sich den Zweireiher auf und setzte sich.

Bürgisser blickte auf und schaute ihn über die Ränder der Lesebrille an: «Ach ja, Philipp, kommen wir gleich zur Sache. Bad news, wir haben eine schmerzliche Entscheidung treffen müssen. Wie du ja weißt, haben uns die Lowman-Papiere einen ziemlichen Haufen Ärger beschert, dazu die Rahmenbedingungen, nun», Bürgisser nahm die Lesebrille ab und schaute sie angelegentlich an, «und du hast ja mit Abstand am meisten davon verkauft. Wir sehen uns gezwungen, aus Gründen der Reputation bei ausgewählten Kunden allfällige Verluste zumindest teilweise zu saldieren. Das bedeutet, dass deine Leistungsbilanz in den letzten drei Quartalen eindeutig im Negativen liegt. Deshalb haben wir entschieden», Bürgisser ermannte sich und schaute Kuster direkt in die Augen, «dein Anstellungsverhältnis zu terminieren. Das beinhaltet in keiner Weise, dass wir mit deiner Performance ...»

Kuster hatte eigentlich seit dem Ausdruck «bad news» gewusst, was da auf ihn zukam, aber er hatte es einfach nicht glauben wollen. Aber nun konnte er nicht anders: «Aber du hast mich doch persönlich dazu angetrieben, möglichst viel vom dem Schrott zu verkaufen», unterbrach er Bürgisser, «wenn hier jemand gefeuert werden müsste, dann du!» Kuster konnte nicht verhindern, dass seine Stimme immer lauter wurde.

Aber offensichtlich hörte das Bürgisser nicht zum ersten Mal: «Ich kann mich nicht erinnern, der dementsprechende Weisungen erteilt zu haben, die Auswahl aus den Anlageempfehlungen ist ja immer dem einzelnen Kundenberater überlassen, nicht wahr. Ich persönlich bedauere diese Entwicklung sehr, aber ich bin überzeugt, dass wir diese Situation korrekt und anständig bewältigen werden.» Bürgisser hatte sich wieder die Lesebrille aufgesetzt und schaute schräg an Kuster vorbei.

Dem kam plötzlich ein schrecklicher Verdacht, er sprang aus seinem Stuhl auf, und mit vier Schritten war er neben Bürgisser. Richtig, so wie Kuster bei seinen Kundengesprächen eigentlich nur das Wording ablas, das Communication für ihn gebastelt hatte, stand auf Bürgissers Computerbildschirm genau das Blabla, das er eben gehört hatte.

«Aber erlaube mal», protestierte Bürgisser, doch Kuster hatte schon die folgenden Sätze überflogen. «Da nehme ich dann im Moment Variante eins», sagte Kuster und las sie dann vom Bildschirm ab: «MA entscheidet sich für die Auflösung im gegenseitigen Einvernehmen, Kernaussage: Ich halte das für eine gute Entscheidung, lieber ‹Name›. Darf ich mir den Wisch auf deinem Schreibtisch noch durchlesen, bevor ich ihn unterzeichne? Sorry, das steht dann nicht in deinem Wording.»

Fünf

Es ist ja wirklich nicht zu fassen, dachte Äbersold. Er atmete tief durch, welche Erleichterung, dachte er dabei. Seine Terminassistentin, die ihn und seine zwei Assistenten damit gequält hatte, dass sie sich einen Anis-Fenchel-Tee nach dem anderen braute, der dann sein Vorzimmer und auch sein Refugium als Private Banker voll stank, war gefeuert worden. Wir müssen eben alle Opfer bringen, grinste Äbersold, die Finanzkrise geht ja nicht mal an der Kreditunion spurlos vorüber, und unseren strategischen Genies von der Abteilung Zukunftsplanung fiel halt auch nichts anderes ein, als ein paar Hundert Stellen zusammenzustreichen, Synergien, Straffung Backoffice, überflüssiges Fett wegschneiden, das in den goldenen Zeiten gewachsen war, schlank für die Zukunft aufstellen, fit für neue Challenges, was für ein dummes Geschwätz, da sage ich ja meinen Kunden noch intelligentere Sachen, dachte Äbersold.

War ja auch klar, dass reiche Säcke, die jahrelang zehn oder sogar fünfzehn Prozent Profit eingestrichen hatten, plötzlich zu zetern begannen, wenn sie ihrem neusten Depotauszug entnehmen mussten, dass sie auf einen Schlag dreißig oder vierzig Prozent weniger reich waren. Es langte zwar immer noch für die Yacht, die Ferienhäuser, die Nutten und den Weinkeller, aber das mit dem Privatjet, 24 Stunden stand by, das konnte dann schon mal eng werden. Dass die dann Äbersold die Ohren voll quengelten, daran hatte er sich gewöhnt, routiniert spulte er immer wieder das gleiche Tonband ab. Zunächst Verständnis heucheln, dann auf den unerforschlichen Ratschluss der internationalen Finanzmärkte verweisen, ein wenig auf habgierige amerikanische Banker schimpfen, einzelne bedauerlicher Exzesse auch in der Schweiz einräumen, bedenkliche Übertreibungen zugestehen.

Dann legte sich Äbersold aber jeweils in die Kurve und machte darauf aufmerksam, dass volatile Börsen ja auch ungeheuerliche Chancen boten, nichts ist langweiliger als eine Seitwärtsbewegung, nicht wahr, jetzt ist der Moment für risikoaffine Anleger gekommen, die nach einer kurzfristigen Underperformance mit gezielten und abgesicherten Investitionen in *Potencials* wieder Boden gutmachen wollen. «Oder glauben Sie etwa, die Erde bleibt morgen stehen?», rundete er seinen kleinen Diskurs jeweils ab, «vielleicht ist es Ihrer Aufmerksamkeit entgangen, dass es nach den letzten Börsencrashs immer mehr Millionäre gab als vorher.» Auf diesen Satz war Äbersold besonders stolz, obwohl er keine Ahnung hatte, ob das stimmte. Hörte sich gut an, und das war ja die halbe Miete.

Das ist ja alles verständlich, führte Äbersold seinen Gedankengang weiter, während er drei Telefontermine in seiner Agenda strich, das sollen doch meine zwei verbleibenden Assistenten übernehmen, dachte er, wer am Ende des Monats weniger Kunden verloren hat, darf bleiben. Das ist also alles im grünen Bereich.

Aber dieses Gezeter und Geheule und Geschäume in der sogenannten Öffentlichkeit, erregte sich Äbersold. Da werden Lohndeckel, Abschaffung der Boni, mehr staatliche Kontrolle, gar Köpfe gefordert. Unglaublich, sogar irgendwelche wild gewordene Kleinanleger, die halt auch nicht den Kanal voll genug kriegen konnten, organisieren sich in so einer dämlichen Schutzgemeinschaft angeblicher Lowman-Opfer, und die toben dann so ausführlich und herzerweichend rum, dass ihnen die Kollegen von der Credit Suisse doch tatsächlich 150 Millionen zurückzahlen müssen, «ganz freiwillig», wie die Deppen behaupten. Unvorstellbar, wo kämen wir denn da hin?

Anlegen mit Bankgarantie? Gewinne darfst du behalten, Verluste werden dir selbstverständlich ersetzt? Der blanke Wahnsinn, dachte Äbersold, das kann einem noch die letzte Freude am Beruf vergällen. Es ist doch völlig klar, dass Anleger gerupft werden, dazu sind sie doch da. Das einzusehen kann doch nicht zu viel verlangt sein.

Äbersold schaute auf seine Uhr, eine Zeitwerk von Lange & Söhne, natürlich in Platin, das wirkte nicht so neureich wie Gold. Ab einem gewissen Alter muss man sich einfach so eine Uhr leisten können, führte er seine Überlegungen weiter, während er aus dem Schrank die Golftasche nahm. Vormittags um zehn war auf dem Golfplatz an der Goldküste bei Zürich noch nicht so ein Gedränge, und nach den neusten Wirtschaftsdaten würden heute wohl nicht allzu viele umschichtungswillige Kunden anrufen, also was soll's. Und ich trage meine Golftasche mal selbst zum Auto, nickte Äbersold, soll ja niemand sagen, dass ich nicht auch selbst kleine Opfer bringe.

Äbersold drückte auf die Fernbedienung, und die Kofferraumtüre seines Jaguars schwang nach oben. Ein weiterer Klick, sie senkte sich ab und schnappte mit diesem satten Klang zu, den halt nur die Engländer hinkriegen. Äbersold drückte auf den Startknopf und erfreute sich wie immer am satten Grollen des Zwölfzylinders.

Wir haben es hier mit einem Angriff auf die Basis unseres Geschäfts zu tun, dachte Äbersold, wenn das so weitergeht, brechen doch alle Banken zusammen, und dann kann ich mit meinen Golfschlägern Hasen erlegen, die ich dann über offenem Feuer röste, denn wenn die Banken zusammenbrechen, dann kehren wir auf direktem Weg in die Steinzeit zurück. Vielleicht müsste man doch mal der Öffentlichkeit klarmachen, dass unser Banksystem nur dann funktioniert, wenn wir die Gewinne behalten dürfen und die Anleger die Verluste übernehmen und notfalls halt der Staat, der ja eigentlich auch nichts anderes als eine Versammlung von Anlegern ist. Vielleicht sollte man aber wenigstens diese Wahrheit noch durch das Bankgeheimnis schützen, das ja inzwischen leider löchriger als ein Schweizer Käse geworden ist, kicherte Äbersold. Und dann drückte er übermütig aufs Gas und wurde prompt geblitzt.

Sechs

Na, sagte sich Hugentobler, eigentlich ist das doch der Jackpot. Ich kriege eine Million dafür, dass ich zuschauen darf, wie unser Bundeszwerg in Bern in Ohnmacht fällt und vielleicht auch wieder reanimiert werden muss, wenn ich ihm stellvertretend für unsere unabkömmliche Bankspitze erkläre, dass wir mal schnell ein bisschen Staatshilfe brauchen, und schnell heißt schnell, schnell heißt eigentlich vorgestern, sonst sind wir morgen pleite, und das wollen wir doch alle nicht. Und ein bisschen heißt nicht wirklich ein bisschen, wir hätten da so an 80 Milliarden gedacht, denn mit irgendwelchen Peanuts wollen wir ja nicht die Zeit unserer Landesregierung verschwenden, nicht wahr.

Wäre ja auch unvorstellbar, die EBS geht hops, an der Bahnhofstrasse flimmern keine Börsenkurse mehr über unsere Flachbildschirme, vor denen sich Möchtegerns die Nase platt drücken. Zwischen den Säulen des Haupteingangs bleiben die Stahlgitter unten. Die Bancomaten spucken kein Geld mehr aus, selbst die diskreten Nebeneingänge von Schweizer Banken bleiben verschlossen, die gerne von millionenschweren Potentaten, Massenmördern und Drogenhändlern benutzt werden, die mal wieder ihr Geld in unseren tiefen Tresoren streicheln wollen.

Vielleicht würde der Nachlassverwalter wenigstens noch die Außenbeleuchtung anlassen, aber sonst wär's das. Und drum herum Geschrei, Getobe und Chaos, die Schweiz geht unter, das Matterhorn bröckelt zusammen, die Uhren- und Schokoladeproduktion wird eingestellt, russische Mafiosi, chinesische Oligarchen, lateinamerikanische Caudillos glühen mit ihren Privatjets heran, weil sie es einfach nicht glauben können. Und dann können die nicht mal mehr in Zürich-Kloten landen, Flughafen geschlossen, Schweiz zu.

Hugentobler schaute auf die Uhr, in einer halben Stunde musste er los, der schwarze, gepanzerte Mercedes wartete bereits. Genug Zeit, um noch ein paar wirklich wichtige Dinge zu erledigen, dachte Hugentobler zufrieden. Und dann löste er Schritt für Schritt all seine Konten bei der EBS auf und transferierte das Geld auf seine diversen Trusts und Treuhandgesellschaften, wo es sich mit einigen im Verlauf der Jahre sauer erarbeiteten Millionen vereinigte. Dann suchte er kurz nach einem Briefumschlag, steckte den Barcheck mit Bankgarantie über eine Million hinein, legte eine Notiz dazu, dass er sofort diskontiert und seinem Konto gutgeschrieben werden solle, klebte das Couvert zu und adressierte es an die Raiffeisenbank. Dann drückte er auf einen Knopf seiner Telefonanlage: «Auf meinem Schreibtisch liegt ein verschlossenes und adressiertes Couvert, lassen Sie das sofort per Boten überbringen. Nein, ist hier in Zürich, aber sofort, ist das klar? Danke.»

Nach drei Minuten tauchte einer der diskret gekleideten Boten der EBS auf, die es gewohnt waren, solche Umschläge nach Zürich, Genf, Hongkong, Los Angeles oder auch Kapstadt zu bringen, sofort und ohne überflüssige Fragen zu stellen.

Hugentobler stand auf, fuhr mit dem Kaderlift in die Tiefgarage, in den Teil, in dem der Boden mit Teppichen ausgelegt war und die Autos auf handpoliertem Mahagoni geparkt wurden, und nahm den Chauffeur kaum wahr, der ihm die Türe aufhielt. Automatisch wollte er sie zuziehen, bis ihm einfiel, dass die bei gepanzerten Mercedeslimousinen doch etwas zu schwer dafür sind. Also ließ er sich in das Lederpolster fallen und klopfte an die Trennscheibe zum Chauffeur. Die Türe neben ihm surrte ins Schloss, und die Stunde Fahrt nach Bern vertrieb sich Hugentobler damit, indem er aus der bordeigenen DVD-Sammlung noch mal einen guten Teil von «Wall Street» anschaute. Wirklich ein großartiger Film, dachte Hugentobler, bloß der Schluss ist natürlich Scheiße, viel zu unrealistisch, als ob das Gute jemals siegen würde.

Von einem lächerlich bekleideten Bundesweibel wurde Hugentobler dann durch die Gänge des Bundeshauses geführt, passierte ein paar Sicherheitsschleusen und saß fünf Minuten später dem Bundesminister gegenüber. Der schaute ihn leicht irritiert an, und Hugentobler legte routiniert los: «Wie Sie sich angesichts der Lage auf den Finanzmärkten vielleicht vorstellen können, sind unser VR-Präsident und unser CEO leider unabkömmlich. Sie haben mich persönlich darum gebeten, Ihnen ihre Entschuldigung zu überbringen. Gleichzeitig bin ich bevollmächtigter Sondergesandter der EBS und kann ohne weitere Rücksprache Ihnen unser Anliegen vortragen.»

Hugentobler schob das Schreiben über den Tisch, das der Bundesminister an seinen persönlichen Berater weitergab, der es aufmerksam studierte, kurz nickte und zurückreichte. «Also, Herr», der Bundesminister zögerte kurz und warf einen Blick auf das Schreiben, «also Herr Hugentobler, Sie verstehen sicher, dass ich Sie bitten darf, direkt zur Sache zu kommen, auch hier in Bern arbeiten wir im Moment nicht mit der Berner Gemütlichkeit, nicht wahr.»

Hugentobler lächelte, als hätte er ein großartiges Bonmot gehört, und legte wieder los: «Sehr geehrter Herr Bundesz…, Bundesminister, zunächst möchte ich mich im Namen der EBS bedanken, dass Sie so schnell Zeit gefunden haben. Selbstverständlich würden wir die nicht in Anspruch nehmen, wenn es nicht um ein wirklich drängendes und gleichzeitig äußerst diskret zu behandelndes Anliegen gehen würde. Gerne nehme ich Ihr Angebot an und komme sofort zur Sache.» Hugentobler machte eine winzige Pause, diesen Moment wollte er auskosten.

«Die unvorhersehbaren Verwerfungen auf den internationalen Finanzmärkten und deren wirklich in keinen Analysemodellen antizipierbaren Auswirkungen haben natürlich auch eine so stabile Bank in bester Schweizer Tradition wie die EBS nicht unberührt gelassen. Wir haben selbstverständlich sofort alle nötigen Maßnahmen getroffen, um diese Herausforderung anzunehmen und unter Einsatz modernster Methoden des Risk Managements ...»

Leicht ungeduldig werdend unterbrach ihn der Bundesminister: «Das freut mich natürlich zu hören, und alles andere wäre ja einer Bank von einer solchen Bedeutung für die Schweizer Volkswirtschaft auch nicht zuzutrauen, aber wenn ich Sie doch nochmals bitten dürfte ...» Er ließ das Satzende in der Luft hängen, genauso wie einen Bügel seiner Stahlbrille, die er von seiner beeindruckend großen Nase genommen hatte, wie er es vor jedem Pressetermin auch immer tat.

Okay, dachte Hugentobler, da habe ich vielleicht etwas zu weit ausgeholt, aber immerhin hast du mir das Stichwort geliefert: «Selbstverständlich; wie Sie ganz richtig bemerken, hat die EBS eine große Bedeutung in der und damit eine große Verantwortung für die Schweizer Volkswirtschaft insgesamt. Gerade in solchen stürmischen Zeiten ist die Stabilität einer Bank und das Vertrauen in eine Bank», der Bundeszwerg wippte schon wieder ungeduldig mit seiner Stahlbrille, «also zusammenfassend, wir sehen uns leider gezwungen, im Rahmen der Stabilisierung unseres Kernkapitalmanagements um eine Bundesbürgschaft nachzusuchen, die uns erlauben würde, Ende des Quartals eine Bilanz vorzulegen, mit der wir ein klares Zeichen setzen können, das ...»

«Verstanden», sagte der Bundesminister, da täuschst du dich aber, dachte Hugentobler. «Im Rahmen eines dringlichen Bundesbeschlusses wäre es denkbar, angesichts der außergewöhnlichen Umstände, eine Summe von, sagen wir, 50 bis maximal 100 Millionen

Franken in der von Ihnen geschilderten Form gegen entsprechende Sicherheiten und marktübliche Zinsen zur Verfügung zu stellen.»

Na, dachte Hugentobler, jetzt fällt ihm dann aber gleich die Brille aus der Hand: «Wir dachten da eher an eine Summe von 80 Milliarden.»

Dem Bundeszwerg fiel die Brille aus der Hand, und während sich sein Assistent eilfertig danach bückte, sprang er von seinem Stuhl auf: «Aber das ist völlig unmöglich, das ist undenkbar, das ist ja mehr als das Jahresbudget der Eidgenossenschaft, ganz ausgeschlossen, völlig ausgeschlossen.» Er setzte sich wieder in seinen Stuhl und übersah sogar die Brille, die ihm sein Assistent servil entgegenstreckte.

«Ich bin autorisiert, Ihnen mitzuteilen, Herr Bundesminister, dass die Alternative dazu nicht sehr angenehm wäre. Denn die Alternative heißt, dass die ESB in einem Monat die Bücher deponieren muss.»

Der Bundesminister griff endlich nach der Brille und sagte fassungslos: «Aber Sie haben doch vor erst einem halben Jahr mehr als 12 Milliarden frisches Kapital aufgenommen, und Ihr Herr Mopsel höchst persönlich hatte versichert, dass damit alle aktuellen und alle zukünftigen Probleme aus der Welt geschafft seien.»

«Wie ich schon sagte», erwiderte Hugentobler leicht belustigt, «das Vertrauen ist das wichtigste Kapital einer Bank, und selbstverständlich war diese Aussage aufgrund des damaligen Kenntnisstandes völlig korrekt, aber die Dinge entwickeln sich nun leider mit einer Rasanz und in eine völlig unvorhersehbare Richtung», Hugentobler machte wieder eine winzige Pause, während der er dachte, na ja, unvorhersehbar nur für Leute, die nicht zwei und zwei zusammenzählen können, aber das gehört halt nicht zu den Kernkompetenzen eines Bankführers wie Mopsel, «deswegen sind wir auf eine Bürgschaft in der genannten Höhe angewiesen. Nun, ohne da auf technische Details eingehen zu wollen und um Ihnen das *big picture* zu geben: Wir müssen dringend 74 Milliarden der schlimmsten Ramschpapiere ausladen und dafür Geld bekommen, und dann bräuchten wir noch ein paar Milliarden Eigenkapital.» Inklusive meiner Million Extraprovision, grinste Hugentobler in sich hinein.

Der Bundesminister rang immer noch um Fassung: «Aber das ist einfach unmöglich, das sprengt meine Kompetenzen, das sprengt die Kompetenzen des Bundesministers, das bräuchte einen Beschluss des Parlaments, dagegen könnte das Referendum ergriffen werden, das geht einfach nicht.»

Tja, dachte Hugentobler, für einmal waren die teuren Schwachköpfe unseres riesigen Legal Departments für etwas gut: «Keinesfalls, Herr Bundesminister, keinesfalls. Unsere Task Force, die sich natürlich auch dieses Aspekts des Problems angenommen hat, ist selbstverständlich zu einer Lösung gelangt, sonst würde ich ja nicht Ihre Zeit hier verschwenden.» Und meine auch, dachte Hugentobler, aber was tut man nicht alles für eine lumpige Million. «Der Bundesminister hat die Möglichkeit, im Rahmen des Notrechts ohne Konsultation des Parlaments …»

Den Bundesminister lupfte es schon wieder aus seinem Sessel: «Notrecht? Aber das ist für Kriegszeiten und für den Fall einer unmittelbar bevorstehenden und nicht anders abwendbaren Bedrohung der Eidgenossenschaft gedacht.»

Aber nicht umsonst hatte Hugentobler bei den Stellen von «Wall Street», die er schon beinahe auswendig kannte, immer wieder einen Blick auf das Gesprächsmanual geworfen, das ihm Corporate Communication vorbereitet hatte. «Unsere Spezialisten auf diesem Gebiet sind zur Überzeugung gelangt, dass sich dieses Notrecht durchaus verfassungskonform auf diesen Fall anwenden lässt, denn es handelt sich ja ohne Zweifel um eine Art Wirtschaftskrieg, und ein mögliches Fallieren der EBS würde eine unmittelbare Bedrohung der Eidgenossenschaft darstellen.»

«Aber welche Sicherheiten würden Sie uns denn zur Verfügung stellen?», ließ der Bundeszwerg ein paar Kenntnisse aus seiner Zeit als gescheiterter VR-Präsident der Leihkasse vom Rheintal durchblitzen.

«Nun, wir würden dafür eine bilanztechnisch bereinigte Menge von CDOs und anderen Wertpapieren, die momentan leider nicht liquide sind, auslagern.»

«Bilanztechnisch bereinigt heißt eigentlich wertlos», sagte der Bundesminister scharf.

Sieh an, dachte Hugentobler, da schimmert dann doch noch etwas Intelligenz durch. «Keinesfalls, der momentan illiquide Markt zwingt uns ja dazu, approximative Werte für solche Papiere anzusetzen, und bei deren Berechnung existiert natürlich ein gewisser Spielraum.»

Der Bundesminister sagte erst mal gar nichts und schaute seinen Assistenten an.

«Könnte gehen», sagte der trocken, und Hugentobler wusste, dass er sich seine Million redlich verdient hatte.

Sieben

Max Fischer hatte sich seine Bankerkarriere nicht unbedingt so vorgestellt. Brav hatte er die HSG absolviert, immer viel Gel im Haar und immer mehr finanztechnisches Geschwafel im Kopf. Vielleicht war es doch keine gute Idee gewesen, beim TOEFL-Test, wie bei allen anderen Prüfungen auch, hervorragend abzuschließen. Eigentlich hatte Fischer an etwas Backoffice gedacht, dann London oder New York, Trader, die großen Räder drehen und schauen, dass genug für ihn dabei abfiel, das war so ungefähr seine Karriereplanung gewesen.

Stattdessen packte er schon wieder seinen kleinen Rollkoffer mit dem Nötigsten, zwei weiße Hemden, drei Krawatten, Unterwäsche, Necessaire, Laptop. Ja nicht zu viel Flüssigkeiten im Necessaire, denn er reiste ja nur mit Handgepäck, ja keine Daten auf dem Laptop, denn er reiste ja in die USA.

Immerhin durfte er seit Kurzem Business fliegen, aber die trockene Luft im Flugzeug, die ewige Zeitumstellung, gerade gestern wieder war er um sieben aufgewacht, hatte sich ins Badezimmer geschleppt und unter die Dusche gestellt, und erst als er Frühstück machen wollte, realisierte er, dass es sieben Uhr abends in Zürich war und nicht sieben Uhr morgens. Jetzt war es aber sieben Uhr morgens, der Flug ging um 9.55 Uhr, Ankunft New York um 12.35 Uhr am JFK, zwei Tage später Abflug um 20.50 Uhr, Ankunft in Zürich um 10.55 Uhr, dann Rapport, dann schlafen, wenn es die innere Uhr zuließ.

Fischer goss sich einen weiteren Kaffee ein, dann fuhr er zum Hauptsitz der EBS an der Bahnhofstrasse. Er meldete sich im Reisezentrum, wie er für sich die Unterabteilung von Special Services nannte, wie das Kontaktzentrum mit amerikanischen Kunden offiziell hieß.

«Morgen, Max», begrüßte ihn der wie immer joviale Wieland, «frisch und munter wie immer?» Ohne auf eine Antwort zu warten, die ihn sowieso nicht interessiert hätte, fuhr Wieland fort: «Diesmal ist es ein Schoggiausflug, Sie steigen im Astoria ab wie immer, müssen sich nicht mal aus New York rausbewegen und haben sogar zweimal ein hübsches Luxusnachtessen auf Geschäftskosten mit zwei besonders wichtigen UHNWI, beneidenswert.»

Wieso machst du's dann nicht selbst?, dachte Fischer finster, weißt du eigentlich, was das für eine Tortour ist, mit zwei Ultra High Net Worth Individuals zu essen, wenn das Amis sind? Gleichzeitig versuchte er, mit einem Lächeln den Gähnreflex zu überspielen.

«Hier sind Ihre Instruktionen, bitte lesen, anschließend wieder aushändigen, danke.» Wieland beförderte das Papier routiniert in den Schlitz des Aktenvernichters, und beide hörten einen Moment lang andächtig zu, wie der seines Amtes waltete.

«Na, dann grüßen Sie wieder mal New York von mir. Und nicht vergessen, Rapport der Key Information am Freitag vor 14.00 Uhr an mich, für den ausführlichen Rapport können Sie sich dann bis am Montag Zeit lassen.»

Du mich auch, dachte Fischer, während er in die Cafeteria ging, um nochmals einen Kaffee nachzulegen. Taxi, Flughafen, elektronisches Ticket, Check-in bei Business, er winkte Erfrischungstuch, Zeitungen, Drink und Häppchen weg, zog sich eine Schlafmaske über die Augen und konnte wie immer während des ganzen Flugs nicht schlafen.

Immigration im JFK war wie gewohnt die Hölle, diese Schlangen, und diesmal musste er sogar seinen Laptop öffnen und anwerfen, aber die Jungs von der IT-Abteilung hatten genug harmlosen Schrott draufgespielt, dass der Zöllner nicht misstrauisch wurde, denn ein völlig leerer Laptop hätte dann doch Aufmerksamkeit erregen können. Fischer fuhr mit einem Taxi downtown, Americas Avenue, im riesigen Klotz der EBS identifizierte er sich mit seinem Fingerabdruck und tippte die Codenummer in einen Terminal ein.

Dann wieder Taxi ins Astoria, das übliche «Oh, Mr Fischer, nice to have you with us again», der Rezeptionist händigte ihm wie immer ein Couvert aus, kassierte wie immer fünf Dollar Trinkgeld, verzog wie immer leicht das Gesicht, nahm sie aber natürlich wie immer entgegen. Dann setzte sich Fischer an den Schreibtisch in seiner Suite, öffnete das Couvert und steckte den Memory Stick in seinen Computer. Anschließend verband er ihn mit dem Internet und ging duschen, während die 128 Bit verschlüsselte Sicherheitssoftware im Memory Stick alle Autorisierungshürden zum Server der EBS in Zürich übersprang und die nötigen Daten und Informationen auf die Harddisk seines Laptops gespült wurden.

Als Fischer aus der Dusche kam, war alles erledigt, er zog den Stick aus dem USB-Stecker, wie immer war er etwas warm, chemische Selbstzerstörung ist das Beste, hatte ihm mal ein IT-Heini erklärt.

Gelangweilt betrachtete Fischer die Kundendaten und seine To-do-Liste. Zwölf telefonische Kontakte, die er zwischen heute und morgen abarbeiten musste, davon zwei mit Sternchen hintendran: Bei einem war noch ein Blumenstrauß für die Gattin fällig, die hatte morgen Geburtstag, der andere wollte unbedingt auf Kosten der EBS an der Art Basel Miami Beach teilnehmen. Eigentlich hätte man ihn deswegen glatt ausgelacht, schlappe sieben Mio in seinem Schwarzgeldbunker bei der EBS, aber der Ami hatte angedeutet, dass Joe, sein Freund, ernsthaft darüber nachdachte, flotte 38 Mio in die Schweiz zu transferieren. Bei dem Scheiß-Nigger, den wir jetzt als Präsidenten haben, weiß man ja nie, hatte Joe sich beim telefonischen Erstkontakt auszudrücken beliebt. Fischer hatte wie immer keinen Kommentar abgegeben, schließlich sind Schweizer Banker ja neutral, und nur geantwortet, dass er die Idee von Joe, Kohle in die Schweiz zu schieben, für ausgezeichnet halte, stabil, solide, große Tradition. Joe hatte sich auf heute Nachmittag angekündigt, wollte face to face die Sache besprechen.

Ach ja, dachte Fischer, hätte ich fast vergessen, natürlich. Er erledigte den Anruf wegen dem Blumenstrauß, dann rief er den kleinen Laden an der Second Avenue an, wo er immer ein paar Toblerone, Schweizer Taschenmesser und Schweizer Käse bestellte, die er dann seinen Kunden als persönliches Geschenk, directly from Switzerland, you know, überreichte. Eine Tonbandstimme teilte ihm mit, dass der Laden leider wegen inventory heute geschlossen bleibe, please call again.

Verdammte Gagge, dachte Fischer, wieso muss man mir das Leben unnötig schwer machen? Er hatte klare Anweisungen, auf keinen Fall die EBS-Filiale in New York zu kontaktieren, dabei hatten die ganze Stapel von Toblerone, Taschenmesser und Käse eingelagert. Okay, dachte Fischer, dann rief er die Swiss Society of New York an. Erst die dritte Sekretärin, zu der er sich durch diverse Warteschlaufen und Dudelmusik ab Band durchgekämpft hatte, wusste nicht nur, was ein Swiss army knife und Swiss cheese waren, sondern kannte auch «Toeblironi» und wusste sogar, wo man das kriegen konnte. Fischer rief an, bestellte je fünf Stück, home delivery, won't take more than 20 minutes. Eine halbe Stunde später rief Fischer wieder an, stellte fest, dass seine Bestellung verschüttgegangen war, niemand wusste von nichts, also orderte er nochmals und ließ sich den Namen des Amis buchstabieren, mit dem er telefoniert hatte. Und tatsächlich, eine weitere halbe Stunden später traf die Ware ein. Wurde auch höchste Zeit, denn bereits meldete die Rezeption, dass ein gewisser Joe Smith behauptete, er habe ein Meeting mit ihm. Send him up, sagte Fischer, räumte die überflüssigen Taschenmesser und den Rest des Zeugs weg, zog sich den Krawattenknopf fest und überprüfte noch mal schnell im Badezimmerspiegel, ob er auch genug Gel im Haar hatte.

«Hi, Joe, nice to meet you. Max Fischer, you can call me Max.» Fischer komplimentierte seinen Besucher vor den Schreibtisch, überreichte seine Visitenkarte, die Spezialausgabe, nur Logo, Name und Funktion, keine Adresse, keine Telefonnummer, kein Mail.

«Ich bin sehr erfreut, dass wir uns persönlich kennenlernen», raspelte Fischer dann Süßholz, «gerne erläutere ich Ihnen, welche Dienstleistungen unseres Fine Swiss Banking ich Ihnen anbieten kann. Das wird sicherlich der Beginn einer großartigen und lukrativen Zusammenarbeit, Joe, my word on it.»

So konnte man sich täuschen.

Acht

Kuster saß an seinem Schreibtisch, USM-Haller, so wie seine übrige Büroeinrichtung, er lehnte sich in seinem Reflex-Chefsessel von Girsberger zurück und lockerte sich die Krawatte. Das war's also. Acht Jahre Getrete und Gebeiße innerhalb der Kreditunion, acht Jahre lang unzählige Besäufnisse mit Kunden außerhalb, die man sich nicht mal schöntrinken konnte. Acht Jahre Butlerdienste rund um die Uhr, wenn mal wieder einer der reichen Säcke, die meinten, die ganze Welt gehöre ihnen und besonders Kuster, nur weil sie vierzig oder hundert Millionen bei der Kreditunion hatten, nachts um vier beim Blick an die Decke feststellten, dass man an der Stuckatur mal was machen müsste. Und sofort Kuster anriefen, er solle doch mal schnell vorbeikommen, gleich heute, aber noch vor neun, denn anschließend ging's auf den Golfplatz, und mal schnell den besten Stuckateur von Zürich vorbeibringen.

Acht Jahre lang war ihm nie das Lächeln im Gesicht verrutscht, jedenfalls nie, wenn ein Kunde ihn anblickte. Acht Jahre lang hatte er zu jedem Schwachsinn, der ihm erzählt wurde, eine verbindliche Antwort gefunden. Acht Jahre lang hatte er sich Erzählungen von all den Unzulänglichkeiten angehört, die auch reichen Menschen das Leben ganz schön schwermachten. «Und können Sie sich vorstellen, ich hatte im Ritz extra die besonders harte Matratze von Aldovi bestellt, und dann stellte sich heraus, dass sie die mit Kunststoffkern genommen hatten, dabei bin ich allergisch gegen Kunststoff. Und als Gipfel waren im Blumenbouquet neben der Türe der Suite Ranunkeln, dabei bekomme ich bei deren Duft immer Kopfweh.» Kuster hatte einfühlsame Geräusche gemacht. «Und in der First war doch tatsächlich der Krug ausgegangen, also die Collection natürlich, was anderes trinke ich ja nicht, unvorstellbar, von jetzt an nehme ich wirklich nur noch meinen Jet.»

Kuster hatte sein Unverständnis über solche sträfliche Nachlässigkeiten ausgedrückt: «Als Trost hätte man je wenigstens einen Millésimé reichen können.»

«Na, wenn Sie das für einen valablen Ersatz halten, trinken Sie aber in einer anderen Liga», hatte der Kunde zurückgeblafft.

Und jetzt das. Einfach abserviert. Wegen Plansollübererfüllung. Eigentlich bin ich auch ein Lowman-Opfer, sagte sich Kuster in einem seltenen Anfall von Selbstironie. Vielleicht sollte ich mich mal bei dieser Schutzgemeinschaft der Lowman-Opfer melden, die so ein Riesengezeter machten.

Okay, dachte Kuster dann, nun aber mal ernsthaft. Höchste Zeit für Plan B. Was sind die Optionen? Bei der Kreditunion irgendwo anders unterkriechen? Ausgeschlossen, außerdem hätte das Bürgisser ja sicherlich in den Raum gestellt, und in seinem Wording kam das nicht vor. Zu einer anderen Bank abschwirren? Ja zu welcher denn? Dass für gute Banker weiterhin Boni satt gezahlt werden müssen und Traumsaläre, das pusteten ja nur die Kommunikationsfritzen der Banken raus, weil sie von den Großverdienern in den Chefetagen dazu gezwungen wurden, die sich Sorgen um das eigene Gehalt machten.

In Wirklichkeit stapelten sich auf vielen Schreibtischen hübsch designte Bewerbungsmäppchen von arbeitslosen Bankern, die sich problemlos vorstellen konnten, auch für ein Einstiegsgehalt von nur

200 Kisten im Jahr ans Gerät zu gehen. Ich aber nicht, sagte sich Kuster, wenn ich so meine monatlichen Grundkosten zusammenzähle, bliebe mir da ja nichts mehr zum Leben, und dabei muss es bei mir nicht mal ein Krug Millésimé sein. Also bleibt ja nur eine Option offen: ein schnuckeliges, kleines Family Office mit zehn oder zwanzig stinkreichen Kunden.

Kuster klappte den Sessel wieder nach vorne und warf seinen Computer an. Da muss ich gleich mal eine To-do-Liste machen, sagte er sich und wollte schon losschreiben. Doch plötzlich hielt er inne und grinste. Bin doch nicht blöd, sagte er in den Computerbildschirm hinein, hinter dem er nicht ganz zu Unrecht den Big Brother der Kreditunion vermutete. «Müller», sagte er dann in die Gegensprechanlage, «Sie und ich haben jetzt dann einen Termin außer Haus, sagen Sie alles andere ab.» Er ist zwar eine Pfeife, dachte Kuster, aber ich habe mich eigentlich an ihn gewöhnt, und auch in Zukunft werde ich ja einen Personal Assistent brauchen, denn wer druckt denn sonst die schönen Prospekte und Unterlagen für meine Kunden aus?

Neun

Alfons Hinderli saß in seinem Büro bei der Fürstlichen Effektenbank und betrachtete das Ölgemälde einer Jagdszene an der Wand. Eigentlich grauenhaft, aber im Verlauf der Jahre hatte er sich daran gewöhnt, und dass es aus der fürstlichen Sammlung von Hans Adam II. von und zu Liechtenstein stammte, machte es für Hinderli auch erträglicher.

Das Telefon klingelte, was es in letzter Zeit immer seltener tat, denn einige bedauerliche Verluste von Kundendaten an die deutschen Steuerraubritter hatten den Neugeldzufluss bedenklich vermindert, vom Gequengel der bestehenden deutschen Kunden ganz zu schweigen, wie sie denn aus dieser Nummer wieder rauskämen.

«Fürschtliche Effektenba...», sagte Hinderli, dann bemerkte er, dass es ja ein interner Anruf war.

«Nicht so formell, Hinderli, ich bin ja nicht der Fürscht», quoll es munter aus dem Hörer, «kommen Sie doch gleich mal zu mir rüber, Besprechung.»

Folgsam stand Hinderli auf, deutete eine leichte Verbeugung vor dem Ölschinken an, denn Ehrfurcht vor dem Fürstenhaus war seiner Meinung nach das Einzige, was in diesen struben Zeiten helfen konnte, dann machte er sich auf den Weg zu Busperli, dem Chef der Bank, der angeblich sogar über die direkte Handynummer des persönlichen Hofschranzen des Fürsten verfügte. Hinderli war schon lange nicht mehr im Allerheiligsten gewesen, aber es hatte sich nicht viel verändert. Immer noch waren schwere Eichenholzpanele auf die üblichen Plastiktrennwende geklebt und ein Kristalllüster hing von der Resopaldecke. Hinderli watete durch den Perserteppich, der auf einem dunkelroten Spannteppich lag, zum barocken Kommandopult, hinter dem ihn Busperli erwartete.

«Hinderli, schön, Sie mal wieder zu sehen. Nehmen Sie Platz; ich komme gleich zur Sache, denn in einer halben Stunde habe ich einen wichtigen Termin.» Busperli rollte die Augen leicht nach oben, und Hinderli war es sofort klar, dass da von einer Audienz beim obersten Raubritter auf seiner Vaduz drohend überragenden Trutzburg die Rede war. Er nickte beeindruckt, was Busperli mit einem huldvollen Lächeln zur Kenntnis nahm. «Also, Hinderli, ich bin doch richtig informiert, dass Sie Ihren bedauerlichen Aufenthalt in Deutschland dazu benutzt haben, sich die russische Sprache anzueignen?»

Hinderli zuckte leicht zusammen, nur ungern erinnerte er sich an seinen Gefängnisaufenthalt in Stuttgart-Stammheim, den ihm ein missglückter Versuch, einem deutschen Steuerhinterzieher bei der Rettung seines Schwarzgeldes nach Liechtenstein zu helfen, eingetragen hatte. Leider hatte der Kriminelle, wie ihn Hinderli seither erbittert bezeichnete, vorher die deutschen Steuerbehörden von diesem Treffen in Stuttgart informiert. Damit hatte der Kriminelle seinen eigenen Hals gerettet, aber Hinderli hatte für eine unangenehm lange Zeit die Gastfreundschaft des deutschen Strafsystems genießen dürfen. Es gibt keine Ehre und keinen Anstand mehr in der Welt, dachte Hinderli erbittert. Aber immerhin, diesen Mann hatte noch Ehre, hatte der Fürscht geruht, seine Bezüge weiterlaufen zu lassen und ihn sogar wieder in seine Dienste zu nehmen, nachdem er der deutschen Unrechtsjustiz im Rahmen einer Amnestie endlich entkommen war.

«Sprechen Sie nun Russisch oder nicht», unterbrach Busperli seinen Gedankengang.

«Fließend, mündlich und schriftlich», sagte Hinderli, denn einige unangenehme Kontakte mit der Russenmafia im Gefängnis hatten ihn als gewitzten Banker zur Überzeugung gebracht, dass ein Fernkurs Russisch nicht nur gut gegen Langeweile, sondern auch sehr gesundheitsfördernd sei.

«Super, prima», strahlte Busperli, «da hätten wir nämlich was für Sie. Wie Sie wissen, gibt es beim Neugeldzufluss aus unseren Nachbarländern eine gewisse Zurückhaltung, was den Fürschten dazu bewog, mir bei der letzten Audienz anzudeuten, dass er geneigt sei, neue Geschäftsfelder im Osten zu evaluieren, denn auch dahin habe ja sein Geschlecht weit zurückliegende Beziehungen.» Wien, dachte Hinderli, Wien ist nicht schlecht, oder vielleicht Budapest? Budapest ist auch nicht schlecht. «Riesiges Reich, riesige Bodenschätze, riesige Vermögen, geruhte der Fürscht noch zu bemerken», fuhr Busperli mit glänzenden Augen fort. Moskau, dachte Hinderli, soll ein bisschen rau zu- und hergehen, aber Moskau ist auch nicht schlecht.

«Könnten Sie sich da einen Auslandsaufenthalt vorstellen, wäre natürlich auch mit einer netten Gehaltserhöhung verbunden, Wohnung, Spesen, Flüge, Repräsentationskosten, Auslandzuschlag, plus Gefahrenzulage und, nicht zu verachten, ein nettes Bonussystem für Neuakquisitionen.»

Ein repräsentatives Fürstenpalais, dachte Hinderli, Bolschoi-Theater, Puschkin-Museum, Tretjakow-Galerie, Kreml, russischer Sekt, Kaviar, gar nicht schlecht. «Aber sicher», sagte Hinderli, «Sie können wie immer auf mich zählen, und wenn Sie Gelegenheit fänden, das auch dem Fürschten weiterzu...»

«Na, na, Hinderli», unterbrach ihn Busperli, «da wollen wir die

Bäume nicht in den Himmel wachsen lassen, aber vielleicht kann ich es arrangieren, dass Sie beim nächsten größeren Empfang in der Reihe stehen, der der Fürscht, so er Zeit hat und geruht, die Hand schüttelt.» Nun bekam auch Hinderli glänzende Augen. «Also», fuhr Busperli munter fort, «der ewige Zeitdruck, Sie verstehen, Frau Hinterbühler wird Ihnen gleich das Nötige erläutern, nach mir wird höheren Orts verlangt.»

Hinderli stand auf und schüttelte Busperli überschwänglich die Hand: «Das ist eine große Herausforderung, eine große Ehre, ich werde Sie nicht enttäuschen, das kann ich Ihnen ...»

«Ist ja gut, Hinderli, ist ja gut, dann viel Spaß in Almaty.» Almaty, wollte Hinderli noch fragen, wo ist denn das, aber Busperli war bereits beschwingten Schrittes hinausgeeilt.

«Almaty ist die größte Stadt von Kasachstan», klärte ihn dann Frau Hinterbühler auf, «ist doch wunderbar, dass wir endlich einen Nachfolger für Kessler gefunden haben, war gar nicht so einfach.»

«Kessler», fragte Hinderli, «wurde der woandershin versetzt, der Name sagt mir nichts.» – «Aber nein», sagte Frau Hungerbühler, «Kessler wurde zusammen mit seinem Bodyguard auf offener Strasse in Almaty erschossen, dort tragen ja schon Kinder Kalaschnikows.»

Zehn

Kuster betrachtete von der Terrasse seiner Loft aus die glitzernden Lichter um den Zürichsee herum, die sich in den Wellen spiegelten. Er hatte alle seine Handys abgeschaltet, was er sonst nie tat. Er lehnte sich in seiner Rattanliege zurück und nahm einen Schluck vom Palmer 79, den er für besondere Gelegenheiten reserviert hatte. Zeit für eine Work-Life-Balance, dachte Kuster, nach dem Rausschmiss aus der Kreditunion muss ich mal persönliche Bilanz ziehen. Das hätte er lieber bleiben lassen.

Beruflich ist es doch bisher super gelaufen, fing Kuster an. Zuerst ein Versuch im diplomatischen Dienst, dann als Quereinsteiger zur Kreditunion, argwöhnisch von allen betrachtet, die meinten, nur

Absolventen der HSG hätten das Recht, an die Kundenfront und an die großen Fleischtöpfe zu kommen. Aber die laberten ihre Kunden zu häufig mit Fachchinesisch zu, konnten sich lähmend über doppelt abgesicherte Ertragswinkel, eine kompetent analysierte Risikomischung mit werterhaltendem Kern und solchen Schwachsinn auslassen, während dem Kunden fast der Kopf in den Teller fiel vor Langeweile. Kuster hatte schnell gemerkt, worauf es wirklich ankam: Lebensart, ein Schuss Servilität, aber nicht zu viel, und gute Umgangsformen.

Einen der ersten Kunden hatte er damit überzeugt, dass er immer brav aufstand, wenn die Frau Gattin einen ihrer häufigen Gänge auf die Toilette antrat. Das grenzt ja an Inkontinenz, hatte Kuster gedacht, aber der Gatte, 130 Tonnen schwer, hatte am Ende des Abends anerkennend gesagt: «Wissen Sie, solche Umgangsformen findet man heute selten», obwohl er selbst zunehmend genervt nur eine leichte Aufwärtsbewegung angedeutet hatte, während seine Ehefrau zunehmend schwankend den nächsten Gang antrat. Als sie beim letzten Mal auch noch das Tischtuch samt Desserttellern und Cognacschwenkern runterriss, was von den eilig herbeiwuselnden Kellern der «Juwelenhalle» umgehend in Ordnung gebracht und auf die Rechnung gesetzt wurde, hatte Kuster den beobachtenden Blick ihres Mannes auf sich gespürt und seine Chance ergriffen. Nichts sagen wäre peinlich gewesen, Belanglosigkeiten wären suboptimal gewesen, also wagte er es: «Ihre Gattin wirkt doch zunehmend erfrischt, lieber Herr Ehrenfels, muss ich mir da Vorwürfe machen, dass meine Gastfreundschaft damit etwas zu tun haben könnte?» Herr Ehrenfels hatte anerkennend genickt und geantwortet: «Keinesfalls, lieber Herr Kuster, keinesfalls, jeder hat halt sein Päckchen zu tragen.»

Und am nächsten Tag hatte Ehrenfels zwanzig Millionen zusätzlich rübergeschoben, mit der klaren Anweisung, dass er zukünftig nur mehr von Kuster betreut werden wolle.

Und so hatte der unaufhaltsame Aufstieg seinen Anfang genommen. Kusters untadelige Manieren, dazu eine rasant zunehmende

Kenntnis der richtigen Weine, Schneider, Antiquitätenläden, Zigarrenmarken, In-Places, Luxusrestaurants und Nobelherbergen und eine nur unwesentliche Zunahme seiner Kenntnisse von finanztechnischen Finessen hatten dazu geführt, dass sich Kusters privates Bankkonto angenehm füllte.

2007, das war aber auch wirklich ein besonders fettes Jahr gewesen, hatte er sogar knapp an der Grenze von einer Million gekratzt, sagenhaft, das alles für etwas Gequatsche, Stühlerücken und Butlerservice in allen Lebenslagen. Wirklich in allen, obwohl Kuster diese Dienste selbst nur sehr selten in Anspruch nahm, hatte er sich auch ein Verzeichnis der besten Escort-Services in den wichtigsten Hauptstädten der Welt zugelegt. Die verdienen ja noch mehr als ich, hatte er staunend bemerkt, nachdem er das erste Mal zwei Luxusnutten für ein kleines Weekend auf der Luxusyacht des Luxuskunden organisiert hatte und die flotte Rechnung über 50 000 Dollar vom Geheimkonto, von dem außer Kuster, dem Kunden und zwei Erbsenzählern bei der Kreditunion niemand etwas wusste, abgebucht hatte.

Das war das erste Mal gewesen, als Kuster sich plötzlich fragte, was ihn denn eigentlich von diesen Luxusnutten unterschied, aber er hatte den Gedanken schnell wieder verdrängt. Anständige Arbeit unterschied ihn sicher nicht, das wusste er, denn fast achtzig Prozent seiner Kunden legten sehr großen Wert auf eine steuerneutrale Behandlung ihrer Gelder, zögerten keine Sekunde, einen Privatjet für 10 000 Franken die Stunde zu mieten, wenn die Sause in Zürich mal wieder etwas länger gedauert hatte und die Gefahr bestand, dass sie sonst am nächsten Vormittag zu spät auf den Golfplatz in Sardinien kämen. Aber dem gierigen Staat auch nur einen Franken Steuern in den Rachen zu schmeißen, niemals, da gaben die Kunden lieber ein paar zehntausend Franken zusätzlich für die Errichtung einer Stiftung, die Anmietung eins Treuhänders in Liechtenstein und die Installation eines Trusts auf den Kanalinseln aus.

Kuster nahm wieder einen Schluck vom Palmer; etwas müde im Abgang, bemerkte er kritisch, vielleicht hätte ich ihn doch länger belüften sollen. Nun, setzte Kuster seinen Gedankengang fort, vielleicht bin ich ja einfach eine Geldnutte, das kann man schon so sehen. Aber schließlich verkaufe ich nicht meinen Körper, sondern nur mein Mundwerk. Und wer kann schon von sich sagen, dass er damit in fetten Jahren eine Million verdient?

Kuster nahm noch einmal einen kräftigen Schluck, langsam hatte sich die Tiefe der Nacht über seine Terrasse gesenkt, es fröstelte ihn leicht. Also, sagte sich Kuster, was ist die Bilanz bislang? Ist doch alles prima gelaufen, bis auf diesen kleinen Rumpler in meiner Karriere bei der Kreditunion. Ich frage mich wirklich, was da immer so schwadroniert wird über den Sinn des Lebens, wer bin ich, woher komme ich, wohin gehe ich und all dieser Schwachsinn, wird doch schwer überschätzt. Wer ich bin? Ich bin jemand, der in angenehmer Umgebung durch ein bisschen Gerede nette Summen aus reichen Deppen rausleiert, die dann mehr oder weniger profitträchtig angelegt werden, und ich schneide mir davon ein Scheibchen ab. Woher komme ich? Na, von der Kreditunion, kicherte Kuster, und wohin gehe ich? Zur PK Financial Consulting natürlich, PK für Philipp Kuster, da hat sich doch diese Lebensbilanz gelohnt, endlich ist mir ein guter Name für meine eigene Vermögensverwaltung eingefallen, da kann ich Müller gleich morgen beauftragen, schon mal neue Visitenkarten drucken zu lassen, dezente Reliefschrift, edel, nicht aufdringlich, first class halt. Und dann gönnte sich Kuster noch einen letzten Schluck Château Palmer 79, immer noch etwas müde im Abgang, bemerkte er. Dass er den Schluck in ein gähnendes Nichts, bekleidet mit einem Maßhemd, einer Brionihose und rahmengenähten Budapestern reingoss, bemerkte er aber nicht.

Elf

«Aber nein, Herr Franzen», sagte Äbersold, «ich glaube nicht, dass dieses Gespräch abgehört wird, aber wenn Sie eine persönliche Begegnung vorziehen, lasse ich gerne einen Flug von Berlin nach … Eben. Also, wie ich gerade ausführte, jetzt heißt es Nerven bewahren. Wie bitte? Nein, Herr Franzen, das scheint mir, ehrlich gesagt, auch keine gute Idee zu sein, wenn Sie jetzt Ihr ganzes Depot abziehen, dann ändert das ja nichts daran, dass wir verpflichtet sind, dementsprechende Unterlagen eine hübsche Zeit lang aufzubewahren. Und nebenbei, es nach Liechtenstein zu transferieren, also wirklich, die sind ja bereits bei den deutschen Steuerraubrittern zu Kreuze gekrochen, ein Raubritter merkt halt sofort, wenn ein stärkerer kommt. Und außerdem gehen denen ja häufiger heikle Kundendaten verloren als die Untertanen im Ländle «Fürscht» sagen können.

Aber nein, Herr Franzen, die Bahamas, die Kanalinseln, Singapur, Hongkong, Sie unterschätzen vielleicht den Finanzbedarf aller Staaten etwas. Die vielen Milliarden, die zur Rettung des internationalen Finanzsystems ausgegeben wurden, die müssen ja wieder reingeholt werden, und da gilt das Recht des Stärkeren, wie wir Schweizer leider auch am eigenen Leib erfahren müssen. Das ist eine gute Frage, Herr Franzen, das ist eine sehr gute Frage. Ich nehme an, die haben Sie schon Ihrem deutschen Steuerberater gestellt? Ach, der sagte, Sie sollen sich an mich wenden? Nun, das freut mich natürlich, dass er von meiner Fachkompetenz in deutschen Steuerfragen dermaßen überzeugt ist, aber … wie bitte?

Also ich muss schon sehr bitten, Herr Franzen, ich habe Ihnen niemals gesagt, dass Ihr Geld bei der Kreditunion vor dem Zugriff der deutschen Steuervögte sicher sei. Das hätte man mir ja als Beihilfe zur Steuerhinterziehung auslegen können, also ich weiß doch, was ich meiner Reputation als seriöser Schweizer Bankier schuldig bin …

Ich muss Sie da unterbrechen, Herr Franzen, in diesem Ton dann doch nicht, bei allem Verständnis. Ich bin immer davon ausgegangen, dass es sich bei Ihren Einlagen um ordentlich versteuerte Gewinne handelt, die Sie einfach so sicher wie möglich …

Herr Franzen, ich muss Ihnen ganz klar sagen, dass ich unter diesen Umständen nicht bereit bin, das Gespräch mit Ihnen fortzusetzen … Genau, Herr Franzen, da haben wir eine Basis für eine Fortsetzung, selbstverständlich müssen wir nach vorne schauen, Lösungsoptionen analysieren. Aber gerne, Herr Franzen, da kann ich

Ihnen, so weit es mir möglich ist, gerne behilflich sein, aber solche Entscheidungen müssen dann schon Sie treffen, nicht wahr, ich bin ja als Ihr Vermögensverwalter nur für die umsichtige und möglichst ertragreiche Anlage Ihres Portefeuilles zuständig, und da ist uns ja in den letzten zehn Jahren einiges gelungen. Nein, Herr Franzen, eine Diskussion der momentanen Underperformance würde wohl in diesem Zusammenhang nicht wirklich helfen, finden Sie nicht auch?

Also, wenn ich mal die Optionen durchspielen darf: Der deutsche Raubritterstaat zwingt uns, die Kundendaten seiner Untertanen bekanntzugeben. Das würde in Ihrem Fall, so weit ich mich da auskenne, leider dazu führen, dass Nach- und Strafsteuern Ihr bei uns verwaltetes Vermögen doch übersteigen würden. Ja, sehr bedauerlich, oh, ja, natürlich, das wäre noch bedauerlicher, wenn Sie da tatsächlich nicht nur Ihres Geldes, sondern auch Ihrer Freiheit beraubt würden, das wünsche ich ja niemandem. Aber schauen wir uns doch mal die Alternativen an. Sie könnten eine Selbstanzeige machen, dann wäre das Geld wahrscheinlich auch weg, aber Sie blieben immerhin auf freiem Fuß, und die persönliche Freiheit ist doch eigentlich das höchste Gut, das …

Sicherlich, die deutschen Sozialleistungen lassen nun doch zu wünschen übrig, da bin ich ganz einig mit Ihnen. Also, die dritte Option, aber wie gesagt, die Entscheidung liegt bei Ihnen, besteht darin, dass Sie die Nerven behalten und überhaupt nichts tun. Ja, dass das mit einer gewissen nervlichen Belastung verbunden ist, kann ich mir lebhaft vorstellen. Oh, Ihre Gattin benötigt bereits medikamentöse Unterstützung, das ist bedauerlich zu hören, vielleicht könnte Sie beide ein kleiner Ausflug in die Schweizer Berge aufmuntern? Ich könnte Ihnen da gerne, oh, verstehe, Sie sind nicht in Stimmung, vielleicht später im Jahr, im Herbst ist die Schweiz ja auch ganz wunderbar, diese Farbenpracht des Laubes, das klare Licht. Natürlich, Herr Franzen, natürlich, ich schweife ab. Nein, Herr Franzen, ich bedauere diese Entwicklungen genauso wie Sie, aber was sich hier abspielt, entzieht sich natürlich meinem Einfluss, ich habe ja keine Regierungsgewalt, und meine persönliche Meinung zu diesem wirklich abstoßenden Verhalten des deutschen Staates interessiert ja auch nicht sonderlich. Nein, Herr Franzen, eine weitere Option sehe ich im Moment nicht, tut mir aufrichtig leid. Aber Herr Franzen, den Strick zu nehmen, kann ja nun nicht Ihr Ernst sein. Aber gut, wenn Sie noch einen weiteren Ratschlag hören möchten, aber das ist nun meine private Meinung, ganz unter uns: Wieso gönnen Sie sich nicht eine Weltreise mit allen Schikanen, Privatjet, alles vom Feinsten, und dort, wo es Ihnen am besten gefällt und wo es weder ein Steuer- noch ein Auslieferungsabkommen mit Deutschland gibt, dort lassen Sie sich nieder?

Also bitte, Herr Franzen, ich werde mir diesen Vorschlag weder rollen noch sonst wohin stecken, sondern bin gerne bereit, das Gespräch fortzusetzen, wenn Sie wieder gefasster sind. Herr Franzen, was soll das, womit wollen Sie mir denn drohen? Jegliche juristische Maßnahme Ihrerseits würde doch das Interesse der deutschen Behörden wecken, um das mal klar zu formulieren. Auf Wiederhören.»

Die Deutschen meckern wirklich am meisten, dachte Äbersold, das war schon der Dritte heute, und ich komme schon wieder zu spät auf den Golfplatz.

Zwölf

Hugentobler saß in der gepanzerten schwarzen Mercedeslimousine und war auf dem Rückweg nach Zürich. Wenn wir am Abgrund stehen, laufen wir doch zu Formen auf, dachte er.

Nachdem er das DVD-Angebot im Direktionswagen der EBS durchgeblättert hatte, «Wall Street» kannte er nun wirklich auswendig, «Terminator 1 bis 3» auch, Pornos waren nicht nach seinem Geschmack, lehnte er sich gemütlich zurück und goss sich einen kleinen Grappa Berta Tresolitre aus der Bordbar ein. Den halte ich auch für den Besten, nickte er wohlwollend, und dann ließ er die Besprechung in Bern Revue passieren. Frechheit siegt immer, schmunzelte Hugentobler, wenn ich von unserer fabulösen Landesregierung eine Milliarde verlangt hätte, dann wäre der Bundeszwerg aus dem Zetern nicht rausgekommen und ich säße jetzt noch in seinem Büro, das im Übrigen im Vergleich zu unseren Direktorenzimmern doch eher ärmlich eingerichtet ist. Keine Stilmöbel, nicht mal USM Haller, uralte Telefonanlage, wenn ich das richtig mitgekriegt habe, nicht mal Panzerglas in den Fenstern, aber der Gipfel war ja die Kunst. Wenn ich mich nicht täusche, hing da sogar ein Schinken von Rolf Knie an der Wand.

Noch im Nachhinein schüttelte es Hugentobler, und er nahm einen weiteren, kräftigen Schluck. Aber halt gerade das richtige Ambiente, um mal schnell 80 Milliarden Soforthilfe zu fordern. Ein Hodler oder ein Anker wäre dabei sofort von der Wand gefallen, aber glücklicherweise haben sie ja den Blocher rausgeschmissen, der hätte mich wahrscheinlich glatt ausgelacht.

Hugentobler konnte das Summen des Telefons nicht mehr länger ignorieren, die rote Lampe leuchtete, also schaltete er den Zerhacker ein und sagte: «Hier Hugentobler, die Leitung ist sicher.»

«Und?»

Na, dachte Hugentobler, der liebe COO der EBS sitzt ja dann doch etwas auf Kohlen, obwohl er immer so obercool tut. «Ich würde das Gespräch als konstruktiv und offen bezeichnen, es fand grundsätzlich in einer freundschaftlichen Atmosphäre statt, und es ist mir wohl gelungen ...»

«Kriegen wir das Geld oder nicht», unterbrach ihn der COO scharf.

«Nun, wir sprechen hier ja nicht von einer Million, nicht wahr», weidete sich Hugentobler an der Ungeduld des COO, denn er wusste genau, dass man ihn nicht einmal aus seiner momentanen Position als bevollmächtigter Gesandter der EBS raushauen würde, wenn er dem COO eins in die Fresse haute, dafür war die Situation doch zu delikat. «Der Bundeszwerg, äh Bundesminister, war etwas schockiert, musste aber nicht medizinisch betreut werden. Anschließend laberte er wie vorgesehen etwas von unmöglich, Parlament, Referendum, erinnerte sich sogar dunkel an Finanzbegriffe wie Sicherheiten, aber alles in allem hat er es mit Fassung getragen.» Hugentobler machte wieder eine Pause, dann erlaubte er sich den Spaß, das Telefon einfach aufzulegen. Sofort summte es wieder, Hugentobler wartete fünf Sekunden, dann schmiss er wieder den Zerhacker rein und sagte: «Hugentobler, die Leitung ist sicher, wir sind unterbrochen worden, Sie wissen ja, der Empfang zwischen Bern und Zürich lässt doch zu wünschen übrig, vielleicht sollte man …»

«Kommen Sie endlich auf den Punkt, Mann», bellte ihn der COO an, aber seine Stimme hatte einen flehenden Unterton. Dass mir das noch vergönnt ist, dieses Arschgesicht winseln zu hören, freute sich Hugentobler und nahm einen weiteren Schluck Grappa. Ob ich dessen Qualität vielleicht noch kurz erwähnen sollte, fragte er sich, doch dann hatte er ein Einsehen: «Also, bevor wir wieder unterbrochen werden, ich würde mal sagen, dass wir ein paar Flaschen Roederer Cristal köpfen können», denn Hugentobler wusste, dass der COO diesen Protzchampagner am liebsten trank, obwohl es da seiner Meinung nach bessere Alternativen gab, «es sieht alles danach aus, als ob das Licht in Ihrem Büro nicht ausgeht. Sie können den reitenden Boten mit den Vertragswerken losschicken, er hat eigentlich alles geschluckt, ohne daran zu ersticken.»

«Inklusive der Holding auf den Bahamas?»

Hugentobler nickte: «Das war wirklich das Meisterstück, aus juristischen Gründen und weil in der Schweiz eine solche Konstruktion nicht unter einem Monat gebastelt werden kann, hat der Bundesminister auch tatsächlich die Kröte geschluckt, dass er ein beeindruckend großes Stück Schweizer Volksvermögen in eine Briefkastenfirma in der fernen Karibik schütten soll.»

«Gibt es noch offene Fragen, Probleme?»

«Ich würde sagen, keine, die bei einem Betrag von 80 Milliarden sonderlich ins Gewicht fallen würden.» Keine, die nicht eine Heerschar von Anwälten und Spezialisten, die mit gelockerten Krawattenknöpfen vor Computern saßen, mit roten Augen in die Bildschirme hineinstarrten und sich durch Hunderte von Seiten juristisches Geschwätz kämpften, nicht mehr oder weniger gut lösen konnten. Außerdem hatte die EBS ja den kleinen Vorteil, dass sie in der Task Force mehr als 300 Mann aufbieten konnte, denen standen lächerliche 20 Bundesbeamte gegenüber, die zwar auch nicht auf den Kopf gefallen waren, aber in ein paar Gigabite Vertragswerk schlichtweg absaufen würden.

«Sehr gut», sagte der COO deutlich entspannter, «Sie haben da wirklich ganze Arbeit geleistet und unsere Vorbereitung optimal umgesetzt.»

Hugentobler gönnte sich auf dieses Kompliment einen weiteren Kleinen direkt aus der Flasche. «Danke», sagte er dann leicht beschwingt, «aber ich hätte da auch noch eine Frage. Mir will doch scheinen, dass der persönliche Berater des Bundesministers für mich etwas überraschend in einem entscheidenden Moment ganz klar gesagt hat, dass man das seiner Meinung nach so machen könne. Ein solcher Input war auch in meinem Manual nicht vorgesehen, wurde da irgendwie dran gedreht?»

Diesmal schwieg der COO für einen Moment, dann sagte er: «Ist halt ein kluges Köpfchen, bis später.» Klick.

Hugentobler starrte entgeistert auf die Flasche Berta in seiner Hand, goss sich daraus das Grappaglas randvoll und nahm einen tiefen Schluck und dann noch einen. Dann nickte er bewundernd. Das ist großartig, dachte er, das ist absolute Spitze. Diesen Chip werde ich dann bei Gelegenheit und vor meinem Abgang noch einlösen. Das ist einfach fine Swiss Banking at its best. Einen Bundesminister kann man wirklich nicht schmieren, jedenfalls nicht so direkt und nicht so schnell. Aber seinen persönlichen Berater schon. Diesen auf die EBS, sagte Hugentobler, hob anerkennend das Glas und trank es bis zur Neige aus.

Dreizehn

Franz Bürgisser hatte sich diesen Morgen besonders sorgfältig bekleidet. Nicht, dass er als CEO Private Banking ansonsten seine Garderobe vernachlässigen würde. Aber alle zwei Jahre gab es einen Termin, bei dem er auf jedes Detail achtete. Von den Bally-Schuhen, rahmengenäht, schwarz, nicht zu neu, nicht zu alt, bis zur Krawatte, dunkelblau, dezent gestreift zum weisßen Hemd, natürlich ohne Manschettenknöpfe, eingehüllt in einen grauen Zweireiher ohne modischen Firlefanz strahlte er die personifizierte Seriosität eines Schweizer Bankers aus. Seufzend hatte er sogar auf sein Markenzeichen, das Poschettli, verzichtet. Schließlich wählte er noch aus seiner Brillensammlung das Exemplar mit Stahlrahmen, selbstverständlich ohne selbsttönende Gläser, kein aufdringliches Logo am Bügel. Vor seinem Garderobenspiegel übte er nochmals den ersten Auftritt, streckte sich selbst die rechte Hand entgegen, dynamisch, gewinnend, energisch, aber nicht zu dominant, dazu ein angedeutetes Lächeln, mit geschlossenen Lippen, offen, aber nicht unterwürfig, verantwortungsbewusst, kompetent, keinesfalls anbiedernd. Er überprüfte zum Schluss den Sitz des Scheitels, war doch richtig gewesen, gestern noch schnell nachschneiden zu lassen. Apropos, er schob sein Gesicht nahe an den Spiegel heran, keinen Stoppel bei der Rasur übersehen, aber was war das? Bürgisser eilte ins Badezimmer und schnipselte sich ein Haar aus der Nase und ein weiteres aus der Ohrmuschel, wie hatte er das nur übersehen können. Dann steckte er die Pillendose mit Pfefferminztabletten, Betablockern und einem Booster in die Jacketttasche, stellte fest, dass sie dort etwas auftrug, und beförderte sie in die Hosentasche.

Eine halbe Stunde später saß er vor dem Assessment-Committee und hatte festgestellt, dass der Besprechungstisch zu breit war, um seinen Handschlag zur Anwendung bringen zu können. Der mittlere der drei Büroschwengel, die ihm hinter aufgeklappten Computern verbarrikadiert gegenübersaßen, eröffnete die Besprechung, die über Bürgissers weitere Karriere entscheiden würde. Denn vom Ergebnis hing es ab, ob Bürgisser noch zwei weitere Jahre auf seinem Stuhl sitzen bleiben dürfte, dazu eventuell endlich Einsitz in die erweiterte Geschäftsleitung der Kreditunion nehmen könnte. Oder aber, wegen einer leichten Underperformance im strategischen Denken und mangelhafter Fokussierung auf die nötigen Core-Kompetenzen, in die Abteilung «Neue Businessstrategien für Kasachstan» abgeschoben würde. All das hatte eine Gruppe von mit Schreibblöcken und Diktaphonen bewaffneten Spezialisten in einem zweitägigen Workshop mit Problemlösungsmeetings, Kreuzverhören und kindischen Aufgaben wie «gemeinsames Spaghettikochen in zwanzig Minuten unter Verwendung beschränkter Ressourcen» ausgetestet. Besonders unangenehm war ihm in Erinnerung, dass man eine Nacht nicht im bequemen Bett des Viktoria Jungfrau hatte verbringen dürfen, sondern in einem Zeltlager auf Armeedecken. Teambuilding mit Leadership-Challenge hatte man diesen Quatsch genannt. Der Büroschwengel würdigte Bürgissers durchdachtes Outfit keines Blickes und legte los: «Herr Braun, wir wollen nun die Ergebnisse des Deep Impact Future Challenge Assessment Beyond 2010 besprechen.» Routiniert warf der Büroschwengel Charts, Diagramme, multifaktorielle Vektorfelder samt Auswertungen via Beamer an die Wand hinter sich, die Auskunft gaben über die Ergebnisse der strukturierten Interviews, Gruppenarbeiten, Stresstests, das Potenzial an Unternehmergeist und Kreativität, die Fähigkeit zur Helikopterview, Führungsqualitäten, Sozialkompetenz, Motivation und Selbsteinschätzung.

«Wenn ich Sie da unterbrechen darf», sagte Bürgisser nach fünf Minuten, «Sie haben sich nicht vorgestellt.» Der Büroschwengel schaute erstaunt von seinem Bildschirm auf: «Löpfe, Vice Executive Head of Assessment and Evaluation, wieso ist das von Belang?» – «Nun, das ist insofern von Belang, Herr Löpfe, als ich nicht Hans Braun, sondern Franz Bürgisser bin.» Während Löpfe rötlich anlief und etwas zum Büroschwengel rechts von ihm zischte, der protestierend den Kopf schüttelte, nahm Bürgisser seine Stahlbrille ab, wippte mit seinem Stuhl nach hinten, warf eine Pfefferminzpastille aus dem Döschen in die Luft, schnappte sie mit dem Mund gekonnt auf und kicherte. Eigentlich alles ein No-Go bei einem Assessment. «Äh, nun», stammelte Löpfe, «in meinem Scheduler ist aber um 9.00 Uhr Hans Braun eingetragen, das sind wirklich nicht Sie?» Bürgisser wippte mit dem Stuhl nach vorne, stand auf, setzte sich auf den Tisch und lehnte sich zu Löpfe hinüber. «In meinem Outlook ist aber AR, das steht für Assessment-Results, 9.00 Uhr in Zimmer 3.17 eingetragen, es ist jetzt 9.12 Uhr, und das hier ist doch Zimmer 3.17, nicht?» Triumphierend wedelte er dabei mit seinem Blackberry vor Löpfes Nase herum. «Nun, äh», sagte Löpfe, «dann würde ich doch vorschlagen, dass wir auf den Reset-Knopf drücken, hier habe ich ja Ihre Resultate, wenn Sie vielleicht wieder Platz nehmen wollten?» – «Nein, will ich nicht», sagte Bürgisser, «und wir drücken auch nicht auf den Reset-Knopf. Sondern wir machen Folgendes: Sie optimieren meine Resultate bis zur Glaubwürdigkeitsgrenze, setzen als persönlichen Kommentar eine klare Empfehlung dazu, unbedingt für weitere Führungsaufgaben geeignet, starkes Potenzial, motiviert, belastbar, hohe Fach- und Sozialkompetenz und so weiter. Und dann machen Sie um 9.30 Uhr mit dem Nächsten weiter, falls Sie da den richtigen Namen finden. Oder aber, Herr Löpfe, ich werde Ihren First Executive Head über diesen Vorfall informieren, und dann brauchen Sie selbst zu Ihrem nächsten Assessment erst gar nicht antreten. Auch ein Pfefferminz? Das hilft gegen Mundgeruch.» Aber nicht gegen Achselschweiß, dachte Bürgisser, kletterte wieder vom Schreibtisch runter und machte es sich auf seinem Stuhl bequem.

Zurück in seinem Büro hatte Bürgisser kaum Zeit, sich das Reserveposchettli in die Aussentasche seines Jacketts zu stecken und sich darüber zu ärgern, dass er so viel Zeit darauf verschwendet hatte, sich perfekt herauszuputzen, als bereits der Head HR anklingelte: «Franz, gratuliere, das ist ja die Bombe. Mit diesem Assessment stehen die Türen in die erweiterte Geschäftsleitung weit offen, super.» – «Danke», sagte Bürgisser bescheiden, «es ist doch gut, dass wir so ein objektives und wissenschaftliches Instrument zur Mitarbeiterbeurteilung haben.»

Vierzehn

Kann doch nicht so schwierig sein, dachte Kuster. Was braucht es denn eigentlich groß für ein nettes Family Office? Ein paar stinkreiche Kunden, das ist klar, die zügle ich natürlich bei der Kreditunion ab. Visitenkarten habe ich schon bei Müller in Auftrag gegeben, das ist on going. Repräsentative Empfangsräumlichkeiten, na, da frage ich doch mal den alten Kollegen Vetterli von Vetterli & Vetterli, denen habe ich ja oft genug Aufträge zugeschanzt, die können auch mal was für mich tun und mich in ihrer netten Anwaltskanzlei direkt hinter dem Paradeplatz unterschlüpfen lassen. Damit wäre das mit Telefonnummer, Adresse, Postanschrift und so ja eigentlich auch schon geregelt.

War bislang noch kein wirklicher Challenge, dachte Kuster, was muss noch her? Ah ja, hätte ich fast vergessen, ein Internet-Auftritt natürlich. So ein paar dezente Sätze und Bilder, beste Schweizer Tradition, diskret und kompetent, legen Wert auf persönliche und individuelle Beratung, maßgeschneidert, Ihren Wünschen entsprechend, genau. Kuster nickte, da stellen wir das übliche Gequatsche drauf, das jede Bank im Internet von sich gibt, dann vielleicht einen Login-Bereich, in dem sich meine Kunden gleich ein bisschen vertun können, ihr Portefeuille anschauen, Aufträge erteilen und so, das nimmt mir ja dann auch gleich Arbeit von der Backe.

Super, dachte Kuster, das Problem hätten wir eigentlich auch abgehakt, ich frage mich langsam, wieso ich nicht schon früher auf die Idee kam, mich als privater Vermögensverwalter selbstständig zu machen, ist doch alles wirklich keine Atomphysik. Ach ja, irgendwas muss ja dann auch noch mit der Kohle angestellt werden, die die reichen Säcke bei mir deponieren wollen. Das erledigt dann weiterhin die Kreditunion für mich, eine Hand wäscht die andere, ich treibe denen neue Kunden zu, die geben mir Sonderkondition bei der Vermögensverwaltung, und alle sind glücklich. Kuster war freudig erregt, dass er die To-do-Liste der Gründung seiner eigenen kleinen Vermögensverwaltungsfirma so zügig abarbeiten konnte. Damit wäre eigentlich alles im grünen Bereich, dachte er.

Zur Sicherheit ging er noch mal Punkt für Punkt durch, irgendetwas vergessen? Ach ja, doch, da war noch etwas, er brauchte ja ein paar unterzeichnete Verträge von Kunden, die bei ihm Geld deponieren wollten. Nun, eigentlich war das ja klar, natürlich musste er treue Kunden, die er bei der Kreditunion jahrelang beraten hatte, einfach davon überzeugen, dass sie viel besser fahren würden, wenn sie sich weiterhin seiner persönlichen Betreuung erfreuten. Dafür hatte er sich ja schon fast ein Ohr abtelefoniert, das war in trockenen Tüchern. Aber viel wichtiger war natürlich die Frage: Wie viel Vermögen musste er verwalten, damit er seinen gewohnten Lebensstil beibehalten konnte? Das müssen wir step by step angehen, dachte sich Kuster, wozu hatte er diverse Fortbildungskurse in decision making process genommen, ist doch alles easy. Also, wenn ich so eine Million für mich brauche, sagen wir eine weitere Million für den Rest, Müller, Büro, ein paar Visitenkarten, Internet und sonst noch ein paar Kleinigkeiten, die üblichen Spesen wie Einladungen und so weiter nicht vergessen, also sagen wir sicherheitshalber anderthalb Milllionen, also alles in allem 2,5 Kisten.

Okay, dachte Kuster, jetzt kommen wir in das weite Feld der Prozentrechnung, und da war er als Banker natürlich schon etwas verloren, denn es war lange her, dass er selbst eine Prozentrechnung durchgeführt hatte. Aber man kann ja als verantwortlicher Chef nicht alles delegieren, dachte er tapfer und widerstand der Versuchung, Müller, die Pfeife, mit dieser Aufgabe zu betrauen.

Also, jetzt ganz langsam, dachte Kuster und nahm ein Blatt Papier zur Hand. Er ging davon aus, dass in seinem Büro bei der Kreditunion die Videoüberwachung nicht in der Lage war, sein Geschreibsel aufzuzeichnen. Und wenn auch, nickte er dann, was sollen die denn damit anfangen. Also, Kuster schraubte die goldene Kappe von seinem Montblanc ab, kleines Incentive-Geschenk beim letzten Betriebsausflug nach Hongkong, ich brauche rund 2,5 Mio. Wenn ich davon ausgehe, dass ich beim Kunden pro Jahr *all in* zwei Prozent Verwaltungsgebühr, Kick-backs, Retrozessionen und so weiter abschrauben kann, und davon muss ich dann der Kreditunion 1,5 Prozent abgeben, damit sie die Portefeuilles auch ordentlich verwaltet, dann bleibt mir also ein halbes Prozent für mich.

Ha, erinnerte sich Kuster dunkel, da war doch mal was mit einem Dreisatz oder so. Also, wenn ein halbes Prozent 2,5 Millionen sind, wie viel sind dann hundert Prozent? Die Spitze des Montblancs zitterte über dem leeren Blatt, und Kuster widerstand der Versuchung, an seinem Füller zu knabbern. Vielleicht lassen wir das mit dem Dreisatz, dachte er dann, step by step, das bringt es immer. Also, ein Prozent sind 5 Millionen, dann sind hundert Prozent 500 Millionen. Es gibt doch keine Aufgabe, an der ein Private Banker scheitern würde, dachte Kuster triumphierend. Dann sickerte die Zahl in sein Bewusstsein.

500 Millionen? Verdammte Kacke, dachte Kuster, das ist ja mehr, als ich im Augenblick in meiner Wurmbüchse habe. Also irgendetwas kann an dieser Rechnung nicht stimmen, da muss ich mal die möglichen Optionen klären. Option eins, ich delegiere es an Müller. Kommt nicht in Frage. Option zwei, ich rechne noch mal nach. Bringt wohl auch nichts. Option drei, ich halte das Problem pendent.

Kuster nickte zufrieden. Das ist es, dachte er, es gibt doch keine Situation, aus der ein Private Banker nicht durch sorgfältige Analyse den richtigen Lösungsansatz extrahieren kann.

Fünfzehn

Hinderli saß an seinem Schreibtisch in der Fürstlichen Effektenbank und betrachtete grimmig den Ölschinken an der Wand. Eine Jagdszene aus der fürstlichen Sammlung, und bislang hatte sich Hinderli immer mit dem kühnen Jäger verglichen, der triumphierend seinen Fuß auf den Kopf eines eben erlegten Hirsches stellte. Seit der Besprechung mit seinem Chef Busperli sah sich Hinderli aber eher in der Rolle des armen Hirsches, der mit gebrochenen Augen aus dem Gemälde glotzte.

Nach Kasachstan versetzt, dachte Hinderli, warum habe ich bloß Russisch gelernt? Kasachstan, der wilde Osten, Erdöl bis zum Abwinken, Oligarchen im Doppelpack, Kalaschnikows werden dort häufiger getragen als Aktenkoffer, dazu korrupter als jeder Königshof. Hinderli zuckte zusammen und schaute sich um, aber der Jäger aus der fürstlichen Sammlung hatte keine Miene verzogen. Grauenhaft, dachte Hinderli, und Almaty liegt noch am Arsch von Kasachstan, nicht weit weg ist China, und Afghanistan liegt gleich um die Ecke. Zuerst hatte Hinderli gedacht, er würde nach Moskau versetzt, russischer Sekt und Kaviar, Kreml und Kirchen. Da Hinderli leiblichen Genüssen nicht ganz abgeneigt war, hatte er sich gleich über die kulinarischen Höhepunkte der Kasachen im Internet informiert. Schnell fand er eine Website, auf der ihm ein angeschmorter Schafskopf entgegenstank. Da sieht ja noch der Hirsch auf diesem Ölschinken appetitlich dagegen aus, dachte er erbittert. Beschbarmak heißt der Fraß, hatte er dann gelesen, fettes Hammel- oder Pferdefleisch, aus Teigfladen mit der Hand gegessen. Himmel hilf, dachte Hinderli, das darf ja alles nicht wahr sein.

Busperlis Sekretärin Hinterbühler bewies ihm aber mit ihrer sprichwörtlichen Effizienz, dass es sehr wohl wahr war. Ohne anzuklopfen war sie in sein kleines Refugium getreten, einen Packen Papiere unter dem Arm. «Das hier, in der Reihenfolge der Wichtigkeit, ist mal Ihr provisorischer Anstellungsvertrag, den definitiven kriegen Sie dann in Moskau, dort haben wir unsere HR-Abteilung für den Osten. In dieses Formular tragen Sie ein, wann Ihr Umzug stattfinden soll und welches Volumen das ist, müssen Sie nur schätzen. In Moskau wird man Ihnen auch Ihre Wohnung in Almaty zuweisen, falls das nicht klappt, logieren Sie halt zuerst im Astana International, das ist ganz okay, guter Sicherheitsdienst, einigermaßen sauber.»

«Wieso, gibt es dort denn kein Hyatt oder Interconti?», fragte Hinderli naiv.

«Sicher», sagte Frau Hinterbühler, «aber erst ab Direktorenstufe bezahlen wir mehr als 500 Dollar pro Nacht, und da ist es für Sie doch ein Stück hin.»

«500 Dollar für ein Einzelzimmer», fragte Hinderli fassungslos.

«Im Intercontinental sind es 639, um genau zu sein», sagte Frau Hinterbühler, damit ein weiteres Mal ihre gnadenlose Effizienz unter Beweis stellend. «Aber item, das erklärt Ihnen dann alles Moskau. Hier ist noch der Auflösungsvertrag zu Ihrem bisherigen Arbeitsverhältnis, natürlich nur pro forma. Dann hätten wir noch die Flugtickets, Zürich–Moskau, Moskau–Almaty und die Reiseinstruktionen. In Almaty sollte Sie dann Ihr Bodyguard am Flughafen erwarten. Falls er nicht da ist, kleiner Tipp von mir, bewegen Sie sich ja nicht aus dem Flughafen raus, sondern rufen Sie sofort Moskau an.»

«Sollte ich da dann nicht vielleicht eine schusssichere Weste tragen?», machte Hinderli einen müden Versuch, lustig zu wirken.

«Also Kessler hätte die auch nichts genützt», erwiderte Frau Hinterbühler gnadenlos, «der wurde dreimal im Gesicht getroffen; den Trick mit schusssicheren Westen kennt dort jedes Kind. So, dann kämen wir noch zur Übergabe, führen Sie alle Dossiers sauber nach, Pendenzen, Potencials, Probleme, das Übliche halt.»

«Ja und mein neues Gehalt, Fringe Benefits, Versicherungen und so weiter?», fragte Hinderli leicht angeschlagen.

Frau Hinterbühler seufzte: «Ach, hat Ihnen das Busperli mal wieder nicht bis ins Detail erklärt? Nun, über Saläre bin ich natürlich nicht informiert, also lassen Sie sich das in Moskau erklären, denn Busperli hat in den nächsten zwei Wochen einen randvollen Terminkalender, und anschließend geht er drei Wochen in die Ferien. Und Versicherungen, nun, da hätte ich noch einen Tipp für Sie: Schließen Sie eine gute Lebensversicherung ab. Soviel ich weiß, macht das für Almaty nur Lloyd's in London, die versichern ja sogar Kriegsreporter im Einsatz. Ach, und wenn Sie ernsthaft krank werden sollten, dann empfehle ich dringend, sich von der Schweizer Rega heimfliegen zu lassen, werden Sie da doch noch schnell Mitglied, kostet nicht alle Welt, ist der Gesundheit aber ungemein zuträglich. Und vergessen Sie nicht, was auch immer in Almaty passieren mag, Sie repräsentieren dort die Fürstliche Effektenbank, also bewahren Sie Haltung. Es gibt da vielleicht ein paar von unseren Gebräuchen abweichende Verhaltensweisen.»

Hinderli traute sich nicht, da nachzufragen, denn er befürchtete, dass Frau Hinterbühler in ihrer teuflischen Effizienz mehr Dinge schildern würde, als er im Moment vertrug. Also nickte er ihr zum Abschied zu, betrachtete dann trübe den Papierstapel auf seinem Schreibtisch, stand auf und zündete in der Domkirche St. Florin so viele Kerzen an, wie es ihm seine zitternden Hände erlaubten.

Sechzehn

«Das ist eine großartige Idee», sagte Winterhalder, Dozent für die Ausbildung von Executive Masters of Business Engineering an der Hochschule für Gesamte Wirtschaft. «Das hat den richtigen Praxisbezug, damit können wir Transformationsprozesse in der Praxis studieren, change the business statt run the business, fabelhaft.»

Innovativ, dachte Winterhalder, raus aus der Theorie und herbeigequälten Praxisbeispielen, eine schlagende Antwort auf die gelegentlich gestellte Frage, ob der Fortbildungsstudiengang im Change Management mit international anerkanntem Abschluss als «Executive MBA» seine 60 000 Fränkli wirklich wert war. Mit so was habt ihr die schnelleren Schuhe an als die Konkurrenz, beim race to the top, ließ sich Winterhalder schon die ersten knackigen Sprüche einfallen.

Sein Assistent stand immer noch vor ihm und wartete geduldig auf die Antwort seines Chefs.

«Okay», sagte Winterhalder, «setzen wir um. Sie erledigen das Ground Work, Versuchsanlage, klare Zieldefinition, first Steps, Follow-ups, dann hauen wir noch ein paar Zusatzgadgets rein, Marktumfeld analysieren, Burn-rate von Anfang an festlegen, time to market, wie sieht der Hockey-Stick in diesem Fall aus, wann ist Break-even erreicht, das kriegen wir in einer Woche hin.»

Wir ist gut, dachte der Assistent, ich kriege es vielleicht in einer Woche hin, und Winterhalder sonnt sich in meiner Idee, so läuft das doch hier.

«Also», sagte Winterhalder, der seinem Assistenten mal zeigen wollte, was schnelle Auffassungsgabe ist, «das habe ich alles richtig verstanden: Das Irish Pub Singing Dubliner hat die Bücher deponiert, zu wenig Saufnasen wollten lauwarmes Guinness trinken und sich grauenhafte Dudelsackmusik anhören.» Dudelsackmusik ist eigentlich schottisch, dachte der Assistent, aber er wollte seinen Chef natürlich nicht unterbrechen. «So, und unsere angehenden MBAs übernehmen die Klitsche, schrauben einen Businessplan zusammen, der es in sich hat, schieben die Sache von der Rampe und zeigen mal ganz praxisbezogen, wie ein Business abhebt und wegfliegt, wenn echte Profis das in die Hand nehmen. Das ist eine echte Challenge, Change Management at its best. Da springen dann sicher auch die Medien drauf an, da haben wir dann gleich noch einen added value, vor allem, wenn wir die Journis freigiebig bewirten, vielleicht lassen wir zur Eröffnung so eine kleine Horde Dudelsackbläser aus Dublin einfliegen, stellen einen Topf, wie heißt das schon wieder, genau, Irish Stew auf den Tisch, Happy Hour, Stonehenge, na, ich will nicht alle Arbeit selbst erledigen, haha.»

Stonehenge liegt in England, dachte der Assistent, aber auch er wollte sich ja nicht zusätzliche Arbeit aufhalsen.

Winterhalder legte nun seine Stirne in nachdenkliche Falten: «Aber da gibt es noch einen Punkt, da entstehen am Anfang ja auch ein paar Kosten, wie immer bei einem Change Management. Die spielen sich natürlich in kurzer Zeit locker wieder ein, aber am Anfang brauchen wir da etwas Cash, nicht wahr.»

«Da hatte ich an die Alumni gedacht», sagte der Assistent, der sich sicher war, dass ihm auch diese Idee geklaut würde.

«Genau, Sie nehmen mir das Wort aus dem Mund», sagte Winterhalder prompt, «da zapfen wir doch mal diese Geldsäcke an, zapfen ist gut.» Der Assistent stimmte pflichtschuldig in das Gelächter von Winterhalder ein und machte sich an die Arbeit.

Konkreter Beitrag zum Management des Wandels, trompetete die HGW an der Pressekonferenz zur Neueröffnung des Singing Dubliner heraus, die geballte Kompetenz von erfahrenen Business-Ingenieuren besteht den Praxistest. Die Communication-Fuzzis hatten darauf bestanden, dass man alles etwas einfacher und möglichst auf Deutsch sagte. Dabei hätte Winterhalder viel lieber über Geschäftsprozesse, multifaktorielle Businesspläne auf Nano- und

Makroebene, Orientierungswissen in Transformationsproblemen, ganzheitliches Gestaltungsverhalten unter systematischem Einbezug der relevanten Anspruchsgruppen gesagt, just for starters, wie er sich immer gerne auszudrücken beliebte.

Aber stattdessen nippte er an einem lauwarmen Guinness und stocherte angewidert in einem Töpfchen voll mit Lammfleisch und Kartoffelbrocken. Das muss das Irish Stew sein, dachte er, hätte ich mir nicht ganz so vorgestellt. Gibt aber sicher den entsprechenden Lokalkolorit, ein Unterteam der Arbeitsgruppe Singing Dubliner hatte sich vertieft mit der Bedeutung der Authentizität in der heutigen globalisierten Wirtschaft beschäftigt, deshalb gab es neben Guinness auch Ale und Cider, und natürlich Chips.

Eigentlich grauenhaft, dachte Winterhalder, aber die Journalisten ließen sich brav volllaufen und veröffentlichten anschließend Lobgesänge über dieses einmalige praxisorientierte Studienexperiment.

«Während es im Change Management normalerweise darum geht, im globalen Markt bedeutende Firmen neu auszurichten, wollten wir hier einfach mal zeigen, dass sich unsere Kompetenz nicht nur in der Volkswirtschaft, sondern auch in einer Wirtschaft implementieren lässt», diktierte er. An dem Satz hatte er ganz schön lange geschraubt, umso saurer war Winterhalder, als er nur verstümmelte Bruchstücke im Presse-Clipping der Uni entdeckte, auf das er natürlich hochgespannt gewartet hatte.

Ein halbes Jahr nach der Wiedereröffnung stellte das kompetente Finanzteam der Task Force Singing Dubliner, intern abgekürzt als TAFSID, fest, dass die Burn rate des bei den Alumni zusammengesammelten Risk capital doch leicht höher war als angenommen, was eine leichte Adjustierung des Finanzplanes nach sich ziehen müsse. Oder kurz und knapp gesagt, das Lokal konnte weder die nächste Miete noch die Gehälter der drei Angestellten mehr bezahlen, und die Brauerei schrieb auch schon unverschämte Briefe, in denen sie mit juristischen und publizistischen Schritten drohte, falls die Rechnungen der letzten sechs Monate nicht endlich mal beglichen würden. Eine echte Herausforderung für Change Management, sagte sich Winterhalder und präsidierte höchstpersönlich die Sonder-Task-force New Financial Revenues.

Die entwickelte aus dem Stand siebzehn verschiedene Zwischenfinanzierungsmodelle, verwarf nach längeren und teilweise sehr ins Grundsätzliche abgleitenden Diskussionen sechzehn davon und schrieb einen Bettelbrief an die Alumni. Nachdem die zwar leise murrend, aber brav nachgeschossen hatten, sorgte Winterhalder dafür, dass als offizielle Zwischenbilanz verkündet wurde, dass sich der Singing Dubliner, wie zu erwarten, auch in einem verschärften Marktumfeld bestens zu behaupten wisse, nach sechs Monaten seien alle Parameter eines New Business erfüllt, kleine, als flexible Reaktion auf die Antwort des Marktes nötige Adjustierungen seien vorgenommen worden, the Singing Dubliner is going strong, fügte Winterhalder noch hinzu.

Unangenehm berührt war er allerdings, als ein frecher Lokaljournalist, sicherlich ein Antialkoholiker, einen launigen Bericht veröffentlichte, in dem er das Lokal als öde, leer und gut für Leute, die einmal wissen wollten, was irische Melancholie sei, beschrieb.

«Wer sich vorstellen möchte, was für eine Stimmung in Irland während der Kartoffelfäule herrschte, muss da unbedingt hin», schloss der Frechdachs seinen Artikel.

Nachdem sich Winterhalter im Internet informiert hatte, was es denn eigentlich mit dieser Kartoffelproblematik auf sich hatte, rief er wutentbrannt den Chefredaktor an, machte ihn auf mögliche juristische Implikationen einer solchen Geschäftsschädigung aufmerksam und verlangte eine Richtigstellung. Aber auch die Drohung, ihn nicht mehr an die nächste Jahressause der HGW einzuladen, verfing nicht.

«Ich war auch ein einziges Mal dort», sagte der Chefredaktor doch tatsächlich, «das Lokal kann man sich nicht mal schöntrinken, obwohl man alleine sicherlich einigen Hektolitern Guinness gegenübersitzt.»

Typisch, dachte Winterhalder, so ist unsere Presse, alles niederschreiben, unternehmerische Initiative nicht würdigen, wollte nicht mal einen Blick in unseren 357 Seiten umfassenden Businessplan werfen, unglaublich, auf welches Niveau der heutige Journalismus gesunken ist.

Winterhalder beschloss, mal selbst einen Augenschein zu nehmen, was er bislang unterlassen hatte, denn er wollte als Projektleiter so objektiv wie möglich bleiben, und da wäre eine zu starke Involviertheit nur hinderlich gewesen. Also betrat er punkt 18 Uhr das Lokal, setzte sich an die Theke und stellte erstaunt fest, dass es eine ganze Weile dauerte, bis der Barkeeper zu ihm schlurfte, obwohl er der einzige Gast war.

Na ja, ist wohl noch ein bisschen früh, dachte Winterhalder, dann sagte er fröhlich: «Happy Hour, ich kriege dann zwei Guinness.»

«Hä», sagte der Barkeeper, «du wollen zwei Bier?»

Oh, den multikulturellen Aspekt der Work force sollten wir vielleicht mal genauer analysieren, machte sich Winterhalder eine gedankliche Notiz, während er dem unrasierten Subjekt mit deutlichem Migrationshintergrund dabei zusah, wie der zwei Gläser mehr schlecht als recht füllte und ohne Untersatz vor ihm auf die Theke knallte. «Macht siebenezehn, gleich kassier, ja?»

Winterhalder unterstrich seine geistige Notiz dreimal mit Rot und antwortete: «Aber von sechs bis sieben ist doch Happy Hour, da gibt es zwei für eins.»

«Nix weiß äppi hauer, du bestellt zwei Bier, du zahlen zwei Bier.»

Zähneknirschend kramte Winterhalder einen Zwanziger aus der Tasche, musste auf dem Wechselgeld bestehen, das ihm schließlich mürrisch auf den Tresen geknallt wurde. Ohne die beiden Biere anzurühren, ergriff er anschließend die Flucht, während er sich eine zweite Gedankennotiz machte, dass er den Betrag mit Eigenbeleg auf seine nächste Spesenabrechnung setzen würde. Beim Hinausgehen sah er noch aus den Augenwinkeln, wie sich der Barkeeper das erste Bier selbst reingoss, und als er in der Türe stand, bemerkte er verblüfft, dass diese Fehlbesetzung das Gleiche auch mit seinem zweiten Glas tat.

In der nächsten Krisensitzung, diesmal von der Task Force Human Resources, bekam Winterhalder erklärt, dass man im Rahmen einer Optimierung des Cash flow bei der Work Force als best practice solution beschlossen hatte, im Spannungsfeld Qualifikation gegen Lohnniveau Letzteres zu präferieren. Aufgrund der Analyse, dass das Anforderungsprofil für einen Barkeeper, der ja nur zwei Biere und ein Apfelbier voneinander unterscheiden muss, überschaubar sei, war diese Entscheidung absolut optimal, bekam Winterhalder gesagt.

«Und die Whiskys?», hatte der verdattert gefragt. «Ich dachte, im Businessplan hätten wir eine ganze Selektion bester Single Malts vorgesehen gehabt.»

Human Resources hatte aber nur mit den Schultern gezuckt, «davon wissen wir nichts, ist nicht unser Bier», hatte ein Kalauerfan geantwortet. Ergrimmt nahm Winterhalter mit der Task Force Branding and Products Kontakt auf, die ihn aber darüber aufklärte, dass eine vertiefte Analyse der Frage der Single Malts ergeben habe, dass solche in Schottland hergestellt würden, wogegen in Irland eigentlich alles aus demselben Hahnen liefe, daher habe man im Sinne einer Fokussierungsstrategie von dieser Extention Line Abstand genommen, nicht wahr. Langsam dämmerte Winterhalder der Verdacht, dass hier etwas ganz schwer in die ganz falsche Richtung lief, aus seinem wunderschönen Show Case, seinem Vorzeigeprojekt, entwickelte sich allem Anschein nach eine kleine Katastrophe, die irgendwie nach Kartoffelfäule roch.

Winterhalder zog sich für einen halben Tag in seine Denkerklause in der HGW zurück und feilte an seiner persönlichen Exit-Strategie, denn das gehörte ja auch zum Change Management.

Drei Monate später wurde kleinlaut bekanntgegeben, dass das Praxisexperiment Singing Dubliner leider und wider Erwarten und trotz weiterhin optimistisch stimmender Grunddaten und Potenziale abgebrochen werden musste. Während bei allen Task Forces verlegenes Köpfekratzen und Füßescharren herrschte und bei den meisten Teilnehmern der Satz «no comment» zur Lieblingsfloskel avancierte, hatte Winterhalder einen führungsstarken Auftritt.

«Dank an alle Beteiligten», sagte er den wenigen anwesenden Journalisten an der als Background-Apéro verkleideten Pressekonferenz, die er wohlweislich nicht im Singing Dubliner, sondern in der HGW abhielt. «Besonders die Frontleute mit Publikumskontakt haben Hervorragendes geleistet. Aber unvorhersehbare Entwicklungen bis hinein in die internationalen Finanzmärkte haben leider alle unsere wohlfundierten und mit mathematischer Präzision untermauerten Annahmen als zu optimistisch erscheinen lassen. Was nichts daran ändert, dass sie aus damaliger Sicht absolut richtig waren. Aber Management hat ja immer etwas mit Entscheiden in die Zukunft zu tun, das nennt man eben unternehmerisches Risiko. Und bei allen wissenschaftlichen Methoden, die uns heute im Rahmen des Risk Management zur Verfügung stehen, bleibt da immer ein Quentchen Unwägbares. Nur wer wagt, gewinnt, und manchmal verliert er eben auch. Aber selbst dann gewinnt er an Erfahrung.»

Da hob doch dieser Frechdachs, der schon den vernichtenden Artikel geschrieben hatte, die Hand. Zunächst wollte ihn Winterhalder ignorieren, aber da ergriff der doch einfach das Wort: «Ist ja alles gut und schön, aber hätte eine Analyse der Vergangenheit nicht weiterhelfen können?» Winterhalder starrte ihn fragend an.

«Ich meine damit, dass die jetzige Pleite die fünfte in den letzten zehn Jahren ist, oder wussten Sie das etwa nicht?» Winterhalder lief leicht rötlich an, erklärte das Gespräch für beendet, wichtige Sitzung, tut mir leid, und verließ fluchtartig den Raum.

Ich bin von Pfeifen umgeben, dämmerte es Winterhalder, als er in der Sicherheit seines Professorenzimmers wieder etwas zur Ruhe kam. Aber das lässt sich zumindest teilweise ändern. Er drückte auf einen Knopf seiner Telefonanlage, und als zwei Minuten später sein Assistent den Raum betrat, sagte Winterhalder: «Sie sind gefeuert, versuchen Sie Ihr Glück doch in Zukunft als Barkeeper.»

Kollateralschäden sind in der modernen Wirtschaft unvermeidlich, dachte Winterhalder befriedigt und machte sich eine gedankliche Notiz, dass er diesen Satz in seiner nächsten Vorlesung über modernes Change Management unbedingt verwenden müsse.

Siebzehn

Hugentobler war gerade in den Endverhandlungen über den Ankauf eines netten Häuschens in Boca Raton, Guarded Community, sauber von der feindlichen Umwelt durch Wächter, Mauern und Überwachungsanlagen abgetrennt, idyllisch um ein paar künstliche Seen und einen 18-Loch-Golfplatz drapiert, da piepste in seinem Hörer ein zweiter Anruf. So kann man ja nicht arbeiten, dachte Hugentobler, und sagte: «Call you back, bye.» Dann wechselte er die Linie.

«Kommen Sie sofort in mein Büro», dröhnte ihm die Stimme seines Chief Operating Officers ins Ohr, «es gibt Handlungsbedarf.»

Mein Gott, dachte Hugentobler, haben die leitenden Pfeifen der EBS etwa herausgefunden, dass auch 80 Milliarden Nothilfe nicht reichen, wenn sie sich wie gewohnt ihre Milliardenboni abgreifen? Dann machte er sich auf den Weg, durchquerte einige dieser Doppeltüren, mit Leder ausgeschlagen, die jeglichen Lärm der Außenwelt abhielten, vor allem das Geschrei, das in der Schweizer Öffentlichkeit entstanden war, als bekannt wurde, dass die Schweizer Landesväter und -mütter in ihrer unendlichen Weisheit beschlossen hatten, die Staatskasse zu plündern, um das Geld in einer Briefkastenfirma auf den Bahamas zu versenken, während ihnen die EBS als Sicherheit einen stinkenden Haufen von wertlosem Schrotthypothekenderivategebastel als Sicherheit hinterlegte.

Hugentobler legte die letzten zehn Meter bis zum Schreibtisch des COO zurück, der nervös mit seinem goldüberkrusteten Montblanc spielte.

«Na», sagte Hugentobler launig, «haben unsere Erbsenzähler rausgekriegt, dass der Bundeszwerg noch ein paar Mia nachlegen muss?»

Der COO winkte ihn in den Besuchersessel und sagte humorlos

wie immer: «Wir sind finanziell bestens aufgestellt und erfüllen alle Kriterien der Eigenkapitalisierung. Aber wir mussten leider einen neuen dringlichen Termin in Bern anberaumen. Bevor ich Sie ins Bild setze, möchte ich der Form halber darauf hinweisen, dass die Stillschweigensvereinbarung samt Konventionalstrafe immer noch Gültigkeit hat, ebenfalls Ihre Funktion als bevollmächtigter Gesandter der EBS.»

«Schön», sagte Hugentobler, «dann möchte ich der Form halber darauf hinweisen, dass die Abgeltung meiner Bemühungen in Sachen Milliardenkredit meiner Meinung nach keine Nachverhandlungen umfasst.»

«Es sind keine Nachverhandlungen», sagte der COO, «es scheint da ein neues Problem aufgetaucht zu sein, angesichts dessen wir die Rückendeckung unserer Regierung brauchen. Obwohl wir das nicht genau definiert haben, bin ich von der Geschäftsleitung dazu autorisiert worden, Ihnen eine weitere Aufwandsentschädigung zu offerieren. Wenn Sie hier bitte gegenzeichnen wollen.» Als Beweis seiner besonderen Gewogenheit reichte ihm der COO seinen Füller über den Tisch, Hugentobler unterschrieb mit grüner Cheftinte und steckte einen weiteren Barcheck über eine Million ein. Wenn das so weitergeht, dachte er, kaufe ich mir nicht mehr ein Haus an einem Golfplatz, sondern einen Golfplatz mit Haus. Da kannn ich wenigstens sicher sein, dass mir kein Deppen-Banker der EBS über den Weg läuft. Dann lehnte er sich zurück und hörte zu.

Während der ganzen Fahrt nach Bern in der gepanzerten schwarzen Limousine schüttelte Hugentobler den Kopf und sagte sich eins ums andere Mal: Wie kann man nur so blöd sein, unvorstellbar. Der gleiche Bundesweibel, immer noch gleich lächerlich angezogen, führte ihn ins Allerheiligste des Schweizer Finanzministers. Dem reichte sein persönlicher Assistent gerade Hugentoblers Vollmacht rüber, als er Platz nahm. «Herr», wieder ein kurzer Blick auf das Papier, «Hugentobler, ich muss schon sagen, dass ich es doch für angebracht hielte, nehmen Sie das nicht persönlich, dass Ihr VR-Präsident oder CEO die Freundlichkeit hätte, die Verhandlungen mit der

Landesregierung zu führen. Aber item, meiner Kenntnis nach ist die Angelegenheit Bundesbürgschaft soweit erledigt, oder gäbe es da noch etwas zu thematisieren?»

«Aber nein» sagte Hugentobler, «unsere Quartalszahlen könnten angesichts der Gesamtumstände nicht besser sein, die EBS ist mitten im Turn around, was unsere gesamte Bankspitze natürlich restlos auslastet, und ...»

Der Bundesminister hatte sich einen Moment erleichtert zurückgelehnt, die Brille von der Nase genommen und wedelte nun Hugentoblers Wortschwall weg: «Fein, das freut die Landesregierung außerordentlich, denn wie Sie sicher mitbekommen haben, mussten wir in der Öffentlichkeit, geschürt von der Sensationspresse, einige Prügel einstecken. Aber ich nehme nicht an, dass Sie sich da nur persönlich bedanken wollten, also wenn Sie zum Punkt kommen wollen.» Dir fällt gleich wieder die Brille aus der Hand, dachte Hugentobler und kam zum Punkt.

Dem Bundesminister fiel die Brille aus der Hand, und sein persönlicher Assistent machte sich erst mal gar nicht die Mühe, sie aufzuheben. Diesmal sprang der Magistrat auch nicht aus seinem Stuhl, sondern streichelte in einer hilflosen Bewegung seine beeindruckende Glatze. Ein bleiernes Schweigen erfüllte den Raum, dann meinte Hugentobler zu hören, wie der Bundesminister mit den Zähnen knirschte. Dann räusperte sich sein Gegenüber: «Habe ich Sie da richtig verstanden, die EBS hat systematisch in den USA Beihilfe zu Steuerhinterziehung begangen und das IRS fordert nun, unterstützt vom Justizministerium und autorisiert vom Präsidenten persönlich, die Offenlegung von Hunderten von Konten?»

«So würde ich das nicht formulieren wollen», sagte Hugentobler, «eine Due Diligence entsprechender Vorgänge hat leider ergeben, dass einzelne Mitarbeiter der EBS in Überschreitung ihrer klaren Vorgaben, sich an die Regelungen des QI-Abkommens zu halten, gewisse Transaktionen durchführten, die juristisch gesehen möglicherweise zu Verwicklungen führen könnten, die vor allem aus Sicht eines möglichen Reputationsschadens ...»

«Papperlapapp», unterbrach ihn der Bundesminister und bückte sich selbst nach seiner Brille, «halten Sie mich eigentlich für blöd?»

Na ja, dachte Hugentobler, aber er sagte: «Herr Bundesminister, nichts läge mir ferner, Sie haben ja mit Ihrer mutigen und richtigen Entscheidung, uns ...»

«Verstehe ich Sie weiter richtig», unterbrach ihn der Bundeszwerg und fuchtelte mit seiner Brille, «Sie verlangen jetzt von der Landesregierung, dass wir die EBS anweisen, entsprechende Konten offenzulegen, weil sie das nicht selbst tun kann, weil sie sonst gegen das Bankgeheimnis verstoßen würde, das sie immer wie ein Bollwerk verteidigt, aber gerade selbst schleift?»

Na siehst du, dachte Hugentobler, bist ja wirklich nicht blöd. «Darf ich Sie daran erinnern», fauchte der Bundesminister nun, «dass Sie mir, auch im Namen aller Führungsgremien der EBS, angesichts des ungeheuerlichen Milliardenkredits versicherten, dass damit alle Probleme erledigt seien, wir haben keine Leichen mehr im Keller, war doch wohl Ihre Formulierung, nicht wahr?»

«Diese Aussage war aufgrund unseres damaligen Wissensstands völlig korrekt», verteidigte sich Hugentobler, «aber angesichts der ungeheuren Dynamik der Situation und der Größe der EBS als Global Player, und es handelt sich auch nicht um Hunderte von Konten, sondern lediglich um 244 ...»

Der Bundesminisster wedelte die Wortblasen mit einer Handbewegung weg: «Nun, wie auch immer, ich werde dieses Anliegen juristisch prüfen lassen, das sollte nicht länger als ...», er warf seinem persönlichen Assistenten einen Blick zu, «... nicht länger als zehn Arbeitstage», warf der ein, «also, nicht länger als zehn Arbeitstage dauern, dann werde ich Sie umgehend über das Ergebnis informieren. Wäre es das für den Moment?»

«Ähem», räusperte sich Hugentobler, «nicht ganz, bedauerlicherweise hat uns die Steuerbehörde der USA ein Ultimatum gestellt, und zwar bis morgen Abend 24.00 Uhr amerikanischer Zeit.»

Der Bundeszwerg schloss für einen Moment die Augen: «Und was ist die Drohung hinter dem Ultimatum?»

«Nun», sagte Hugentobler so locker wie möglich, «bedauerlicherweise hat das Justizministerium durchblicken lassen, dass es in Erwägung ziehen würde, uns absurderweise, nun, die Formulierung lautet wohl, als kriminelle Vereinigung, anzuklagen. Das ist natürlich ungeheuerlich, hätte aber als mögliche Konsequenz, dass unsere Banklizenz in den USA eingezogen würde.»

«Und dann wäre die EBS schon wieder pleite, richtig?», fragte der Bundesminister.

Hast doch ein paar graue Zellen unter deiner Glatze, dachte Hugentobler: «Nun, das ist nicht ganz auszuschließen, und angesichts des potenziellen Schadens für das Schweizer Volksvermögen …»

Hugentobler erhob sich und ignorierte den stechenden Blick des Bundesministers, dem es in diesem Moment klar geworden war, dass die EBS ihn, die gesamte Regierung, das Parlament und das Volk in Geiselhaft genommen hatte.

Achtzehn

Das ist ja wie auf einem Basar hier, dachte Kuster, so schwierig hätte er sich das nicht vorgestellt. Seit einer geschlagenen Stunde saß er im Allerheiligsten der Abteilung Private Banking der Kreditunion seinem Noch-CEO Bürgisser gegenüber. Jeder der beiden hatte ein Blatt Papier und einen Kugelschreiber in der Hand. Damit bewaffnet gingen sie gemeinsam die Kundenliste von Kuster durch, um sich die Ausbeute seiner achtjährigen Kundenkeilerei zu teilen. Leider nicht sehr brüderlich, wie Kuster feststellen musste, denn Bürgissers Ansatz war klar: nichts für Kuster, alles für die Kreditunion, und vornehmlich für Bürgisser persönlich, der offenbar den Kanal nicht voll genug kriegen konnte.

«Darf ich dich daran erinnern», sagte Bürgisser gerade, der offenbar perfekt vorbereitet war, «dass Hämmerli erst dann 22 Mio nachschob, als ich dir gestattete, dass er an meinen Apéro riche mit den Swarovskis teilnehmen durfte und ich dann auch noch den Kristallschwan, den er sich einfach einsteckte, aus meiner Privatschatulle bezahlte? Also Hämmerli bleibt in unserem Portefeuille, da wollen wir doch die Kirche im Dorf lassen.»

Okay, dachte Kuster, einen reichen Kleptomanen kann ich wirklich nicht gebrauchen, soll der den halt haben und damit glücklich werden.

«Du weißt ja», schob Bürgisser überflüssigerweise noch nach, «dass wir ja nur aus Kulanz und im Sinne einer einvernehmlichen Abwicklung unserer Trennung überhaupt dieses Gespräch führen, und ich gehe natürlich davon aus, dass du uns sowohl bei bestehenden wie neuen Klienten als Depotbank berücksichtigst, da können wir dir je nach Volumen auch attraktive Angebote machen.»

Hält der mich denn für blöd, dachte Kuster bitter, als ob ich nicht wüsste, dass sich die Kreditunion bei jedem Multimillionär mindestens ein bis zwei Prozent einfach so abgriff, wenn es ein Steuerflüchtling war, der ja kaum öffentlich Krach mit seinem Schwarzgeldbunkerbetreiber anfangen würde, konnten das auch locker fünf Prozent und mehr werden. «Das ist sehr großzügig von dir, und das weiß ich auch durchaus zu schätzen, selbstverständlich sehe ich das genau gleich wie du», schleimte Kuster stattdessen, und damit eroberte er sich drei Kunden, bei denen er eigentlich mit mehr Widerstand bei Bürgisser gerechnet hatte. Aber Kuster wusste, dass die eigentliche Knacknuss noch bevorstand, der Showdown, das Duell, der Nahkampf.

Und da war er auch schon: «Wladimir, nun da müssen wir ja nicht groß drüber diskutieren, der bleibt natürlich bei uns, keine Frage, oder?» Und Bürgisser wollte schon ein Häkchen hinter dem Namen machen.

«Es ist keine Frage, dass Wladimir bei mir bleibt, dessen Handling kann nur ich weiter übernehmen. Alles andere könnte dazu führen, dass Wladimir sich woanders umschaut, lieber Franz, das weißt du doch auch genau.»

Bürgisser machte ungerührt einen großen Haken vor dem Namen und sagte: «Mach dich doch nicht lächerlich, lieber Philipp, wir sprechen hier von 278 Mio, und das nach den ganzen Massakern an den Börsen, du bildest dir doch nicht im Ernst ein, dass du so etwas ohne das Backoffice einer internationalen Großbank bewältigen könntest.» Kuster seufzte leicht, ist doch eigentlich unglaublich, dass alle Argumente, die ich immer benützt habe, um Kunden bei uns reinzuziehen, die auch mit einer privaten Vermögensverwaltung liebäugelten, nun gegen mich verwendet werden.

«Bedaure», sagte Kuster, «damit sich das nicht zu einem Konflikt auswächst, hätte ich einen Vorschlag zur Güte: Überlassen wir die Entscheidung doch Wladimir.»

Bürgisser tat so, als ließe er sich diesen Vorschlag durch den Kopf gehen: «Ich glaube eher nicht, dass es zielführend ist, eine solche Entscheidung einem Kunden abzufordern. Waldimir gehört nun eindeutig zu unseren UHNWI-Klienten, daher verstehe mich bitte richtig: Ich könnte dich auch ohne einen einzigen eigenen Kunden hier rausmarschieren lassen. Und wir haben uns bisher an die Kleiderordnung gehalten und deinen Klientenstamm noch nicht über deine, ähm, berufliche Neuorientierung informiert.»

Der kann ja mindestens so gut lügen wie ich, dachte Kuster anerkennend, meint der eigentlich, ich ließe mich hier so über den Tisch ziehen, wie wir das mit unseren Ultra High Net Worth Individuals machen? «Okay», sagte Kuster wieder, «ich bin mir dieser Umstände ja bewusst. Jetzt habe ich aber einen dringenden Termin, du verstehst, the show must go on, nicht wahr, also bitte ich um Vertagung.»

Die wurde ihm huldvoll gewährt, aber beim Hinausgehen rief ihm Bürgisser noch nach: «Wladimir bleibt bei uns, und niemand kontaktiert ihn, ich nicht, du auch nicht.»

Kuster nahm den Lift nach ganz unten, spazierte durch den diskreten Nebeneingang der Kreditunion in einer Seitengasse der Bahnhofstrasse, der normalerweise nur von ganz diskreten Kunden benutzt wurde, und setzte sich in aller Ruhe auf eine Bank, die als Gratisdienstleistung, wahrscheinlich die einzige, von der Kreditunion extra aufgestellt worden war, Dienst an der Öffentlichkeit.

Kleiderordnung, schnaubte Kuster, der hält mich wirklich für bescheuert.

Nicht umsonst hatte Kuster nach dem Rausschmiss fast 24 Stunden am Stück an seinem Privathandy verbracht und alle seine Kunden, denen er genügend vertrauen konnte, über seine berufliche Neuorientierung informiert. Spiele mit dem Gedanken, bin ehrlich gesagt in letzter Zeit mit der Performance unseres Backoffices nicht mehr wirklich glücklich, die Finanzkrise entschuldigt ja nicht alles, glaube Ihre Interessen viel besser wahren zu können, wenn ich unabhängig, für Sie würde sich praktisch nichts ändern, unsere persönliche und mit der Zeit gewachsene Beziehung fortsetzen, stellen Sie sich vor, Sie müssten sich plötzlich mit einem neuen Vermögensverwalter arrangieren müssen, der sich ja auch erst in Ihr Dossier, nicht wahr. War alles gut gegangen, hatten dicht gehalten und ihn dann reihenweise darüber informiert, dass die Kreditunion sie kontaktiert habe, wie Kuster bereits angekündigt hatte, großartig.

Da klingelte Kusters Privathandy, sein neues mit der neuen Nummer, die er nur eben diesen Kunden gegeben hatte. «Nummer unterdrückt», sagte das Display, aber Kuster konnte sich eigentlich schon vorstellen, wer das war: «Philipp, mäin Fräund», hörte er die schwere Stimme von Wladimir, scheint zur Abwechslung mal nüchtern zu sein, dachte Kuster. «Hat mich doch gerade wieder Bürgissär angärufen, wollä gärn nach Moskau kommen, müssä mich unbedingt sprächen, persänlich, wichtig, vertraulich. Habe gesagt, kein Kaviar mehr da, Vodka alle, muss neuen kaufen, käine Zäit. Gäld ist Gäld, Freundschaft ist druschba, mäin Liebär.»

Klick, und Wladimir hatte aufgelegt.

Neunzehn

Ich wusste, dass das nicht das Ende ist, dachte Peter Kuhn und ließ die Hosenträger schnalzen. War zwar recht knapp geworden nach dem Shake-out und seinem Rausschmiss bei der EBS. Aber nachdem er schon vom «Millionaire Water» Elsenham auf Leitungswasser hatte umstellen müssen, um seine tägliche Ration von Prozac, Ritalin und ein paar Neuropushern runterzuspülen, kam dann der Anruf von Felix, mit dem er seit dem Black-Belt-Kurs in Sygma-Decision-Management in Harvard locker in Kontakt geblieben war.

«Baue gerade eine neue Abteilung auf, Riesending, brauche Banker mit Nerven wie Drahtseile. Lust, mehr zu hören?» Kuhn hatte mäßig interessiert getan, dann war er ins Badezimmer gestürzt und hatte seinen Dreitagebart abrasiert, sich unter die kalte Dusche gestellt und in Schale geworfen.

«Ich hab's kapiert», hatte Kuhn beleidigt gesagt, als ihm Felix in der Börsenbar noch mal erklären wollte, worum es ging. «High-frequency Trading, darüber haben wir in Harvard schon gesprochen, schön, dass das inzwischen technisch möglich ist. Sind es immer noch 0,3 Sekunden?»

Felix hatte überlegen gelächelt: «Flash Orders setzt man heute mit 0,03 Sekunden. Habe heute einen Probelauf an der Nasdaq gemacht. Lang lebe die Transparenz, alle Orders müssen ja gleichzeitig allen Tradern bekanntgegeben werden. Und lang lebe die kleine Lücke, gegen eine bescheidene Gebühr kriegt man diese Information schon eine Idee schneller. In einer Sekunde habe ich 7800 Dollar Profit gemacht, also genauer gesagt in zweimal 0,03 Sekunden. Nicht schlecht, oder?»

«Wenn ich also weiß, dass eine Aktie am Steigen ist», fiel Kuhn begeistert ein, «dann kaufe ich sie blitzschnell und verkaufe sie genauso schnell wieder an die Lahmärsche, die keine Supercomputer haben.»

«Macht hier einen Viertelcent und dort einen Viertelcent», ergänzte Felix, «und ein netter Algorithmus rechnet dazu noch aus, was wohl die Widerstandslinie oder das Limit der lahmarschigen Käufer ist, und kurz davor schmeißt du ein paar zehntausend Aktien auf den Markt.»

«Und das Spiel beginnt von Neuem», grinste Kuhn, «aber kommt dabei denn wirklich was rum?»

«Na, man merkt doch, dass du ein Weilchen bei Asset Allocation versauert bist», grinste Felix und bestellte die zweite Flasche Krug, «und mit Knabberzeugs, sollte bei dem Preis ja wohl möglich sein.» Beide kauten ein Weilchen auf den gerösteten Pistazien rum und spülten mit einem großen Schluck Krug nach. «Das ist das heißeste Ding seit der Erfindung der CDOs», fuhr Felix dann fort, «heutzutage werden wohl die Hälfte aller Börsengeschäfte so gemacht. Die ganzen halbbankrotten Ami-Banken verdienen sich damit wieder eine goldene Nase und putzen die ganzen Derviate-Schrotthaufen aus ihren Bilanzen. Also die, die sie nicht dem Staat aufs Auge drücken konnten.»

«Und die gute, alte EBS will da jetzt auch mitmischen», sagte Kuhn. Felix beugte sich verschwörerisch nach vorne: «Damit wurden alleine in den letzten Monaten 21 Milliarden einkassiert, kannst du dir das vorstellen? Natürlich müssen wir auch dabei sein, deshalb eilt es ja auch so, und da habe ich an dich gedacht.»

«Nett von dir», sagte Kuhn, «also Arbeitsbeginn morgen um sieben?»

«Aber nein», lachte Felix und bestellte die Rechnung: «Arbeitsbeginn jetzt. Habe dir auch ein Einstandsgeschenk mitgebracht.» Und dann zog er aus seinem Schlesinger Attaché-Case ein paar knallrote Hosenträger raus.

Kuhn hatte sich noch schnell einen doppelten Espresso reingehauen, dann war er Felix in dessen Büro auf dem Uetliberg gefolgt. Die 30-seitige Stillschweigensvereinbarung hatte er ungelesen unterschrieben, den zweiseitigen Arbeitsvertrag hatte er sich aufmerksamer angeschaut.

«Freie Mitarbeit im Tagesansatz von Fr. 500.–», hatte er protestiert, «das ist aber nicht unbedingt fine Swiss Banking.»

Felix hatte bloß seinen Blackberry gezückt: «Plus Provision. Oder ein Anruf, und der nächste arbeitslose Banker fährt in fünf Minuten mit qualmenden Reifen vor, okay?» Kuhn hatte unterschrieben.

Dann ein kurzer Einführungskurs im fensterlosen Traderraum, in dem auch um halb zwölf Uhr nachts Dutzende von Händlern vor Bildschirmbatterien saßen, zwei Telefonhörer an die Ohren geklemmt und beide Hände auf der Tastatur. Viel zu kapieren gab es sowieso nicht, denn modernes Trading könnte auch ein Schimpanse mit Alzheimer und ohne Hosenträger bewältigen.

«Das geht aufs Haus, würde dir empfehlen, es dir in Zukunft selbst zu besorgen», hatte sich Felix verabschiedet und ein Döschen Modafinil auf den Tisch gestellt. Eigentlich hilft das Medikament gegen die seltene Schlafkrankheit Narkolepsie – aber der Neuropusher kann auch nächtelang wachhalten. Statt einer Banane schob sich Kuhn zwei Pillen rein und ging ans Werk. Wusste ich doch, dass ich als Master of the Universe geboren bin, dachte er.

Zwanzig

«Ach, ich weiß nicht», sagte Äbersold, «das wird doch langsam langweilig.»

Der Heini vom Financial Engineering Research Team schluckte und schüttelte fassungslos den Kopf: «Aber lieber Herr Äbersold, mit der Wiedersecuritization von Hypothekarinvestment Conduits als Anlagevehikel erreichen Sie Ihr neues Performanceziel von plus 25 Prozent locker, dieses neue Produkt hat wirklich Sexappeal, ganz abgesehen vom Triple-A-Rating, das wir damit bereits im Sack haben.»

Ja, ja, dachte Äbersold, plus 25 Prozent, und das bei der Finanzlage, und sonst kann ich meine Optionen gleich der nächsten Papiersammlung mitgeben. Aber Äbersold hatte beschlossen, nicht mehr jeden Scheiß mitzumachen, und dem Heini wollte er auch zeigen, dass er beim Wort Financial Engineering nicht in ehrfürchtige Schockstarre verfiel: «Sie sprechen da also von Re-Remic, nicht wahr, reimt sich schön auf epidemic. Und Re-Remic bedeutet ja nichts anderes, als dass die guten alten CDO, heute eher bekannt als Hypothekarschrottpapiere oder, um es für Sie auf Englisch zu übersetzen, nuclear waste, nochmals neu gequirlt, gehackt, umverpackt und in neues Geschenkpapier eingewickelt werden. Und das soll ich, neben inzwischen als Staatsanleihen verpackten CDOs, meinen Kunden andrehen?»

«Aber ich bitte Sie», sagte der Heini, der solchen Gegenwind innerhalb der Kreditunion offensichtlich nicht gewohnt war, «das ist doch kein Hokuspokus, sondern reine Mathematik. Wir stellen die Instrumente zur Verfügung, um den Hypothekarmarkt wieder flüssig zu machen, indem wir eine unverkäufliche Obligation aufsplitten, die guten Teile neu zusammenstellen und die anderen für risikobereitere Anleger anbieten. Und der Zusammenhang zwischen Staatspapieren und CDO erschließt sich mir ehrlich gesagt nicht ganz.»

«Aber was eine Collateralized Dept Obligation ist, das erschließt sich Ihnen, ja? Mir ehrlich gesagt nicht, und ein paar Hundert Milliarden Miese später scheint's der Markt ja auch nicht ganz verstanden zu haben. Eigentlich hat's ja niemand wirklich kapiert, und jetzt wollen Sie mir erzählen, dass neu gemixte CDO verständlich, bombensicher und ein tolles Anlagegeschäft seien? Aber ich bitte Sie. Und der Zusammenhang zwischen Staatsanleihen und CDO liegt doch auf der Hand. Zuerst kaufen die Staaten für Hunderte von Milliarden CDO-Schrott, und dann geben sie Staatsanleihen heraus, um sich zu refinanzieren. Um das zu verstehen, muss man nicht mal an der Hochschule St. Gallen einen Furz in der Mensa gelassen haben, oder sind Sie da anderer Ansicht?»

«Ich glaube, dieses Update in neuen Finanzinstrumenten entfernt sich langsam vom Thema», sagte der Heini beleidigt und klappte seinen Computer zu, «wenn Sie die Wertigkeit solcher Instrumente besser als Moody's, Standard & Poor's oder Fitch beurteilen können, bitte sehr.»

«Also ich habe Subprime-Schrott jedenfalls nicht mit AAA ausgezeichnet», fetzte Äbersold zurück, «allerdings wurde ich auch nicht von den Emittenten dafür bezahlt. Aber Ihr Wunsch ist mir Befehl, kehren wir wieder zum Thema zurück, da hätte ich nämlich eine Frage: Sind Sie, so im Rahmen des modernen Financial Engineering und den heutigen mathematischen Berechnungsmöglichkeiten, in der Lage, mir zu sagen, wie lange es dauert, bis diese Blasen platzen?»

«Ich glaube, ich verstehe die Frage nicht, von welchen Blasen sprechen Sie?», sagte der Heini leicht verwirrt und knipste hektisch auf seinem goldenen Caran-d'Ache-Kugelschreiber herum, den er als Statussymbol für seine neue Position als Vice Assistent Executive Member Inhouse Research bei der letzten Weihnachtsfeier gekriegt hatte.

«Okay», sagte Äbersold, «dann will ich die Frage anders stellen: Wenn es die Re-Remic-Papiere verjagt und in der Folge Staatsanleihen und in der Folge Staaten, hätten Sie mir da einen Tipp, wie ich meine eigenes Geld für diesen Fall anlegen sollte?»

«Aber Sie als leitender Private Banker unseres Hauses sollten das doch selbst am besten wissen, was raten Sie denn Ihren Kunden?», fragte der Heini fassungslos zurück.

«Mein lieber Mann», schnaufte Äbersold, «was ich meinen Kunden rate, hängt davon ab, wo ich am meisten Kommissionen verdiene und was ich ihnen laut Selling-Orders des Investment Committees reindrücken soll. Und wenn's die Schweinepest oder eine andere Epidemie hat, ist mir egal. Aber gerade reden wir von meinem Geld.»

«Also ich persönlich habe eine größere Tranche Optionen auf das Ihnen eben vorgestellte Anlagemodell gezeichnet», sagte der Heini würdevoll, «bei der sich bereits abzeichnenden konjunkturellen Erholung erscheint mir das, natürlich neben Investitionen in Bankaktien, ein sicherer Winner zu sein.»

«Sie armes Schwein», sagte Äbersold ohne Mitgefühl, «Sie sind ja noch blöder als die meisten meiner Kunden.»

Einundzwanzig

Man sah Werner Meier deutlich an, dass er es hasste, zu einem kleinen Vortrag ausholen zu müssen. Aber als Chief Communication Officer von Elmore, Little and Willis, weltweit und in der Schweiz unterwegs für Audit, Tax, Advisory, musste er da durch. Schließlich hatte er höchstpersönlich zu diesem Meeting eingeladen, highest priority, all other ap. to be canceled, ctbd. Obwohl alle Kommunikationsfuzzis von ELW daran gewöhnt waren, dass auch in Zürich in einem Mischmasch aus Deutsch und Englisch kommuniziert wurde, hatte es doch für einige Verwirrung gesorgt, als erste Übersetzungsversuche der Abkürzung «ctbd» zu «content to be discussed», Inhalt zu diskutieren, führten. Bis der Vize-CCO, das war er ja seiner gehobenen Stellung schuldig, endlich nach ausführlicher Suche im Internet den anderen fünf Teilnehmern triumphierend verkünden konnte: «Das heißt ‹content to be disclosed›, das Thema des Meetings wird erst hier enthüllt.»

Vier Augenpaare starten ihn fragend an, während man noch auf Meier wartete, selbst die beiden Pfeifen, deren Namen sich eigentlich niemand merken konnte, gestatteten es sich, leichte Neugier in ihre ansonsten immer völlig neutral wirkenden Gesichtszüge zu legen. Der Vize-CCO sonnte sich in seiner damit wieder zum Ausdruck gebrachten Überlegenheit und fügte hinzu: «Das wird sicher eine ganz dicke Kiste, Riesen-Challenge.»

Dann war Meier grußlos in den Raum geschlichen, legte seinen Blackberry auf den Tisch und fummelte noch etwas dran rum. Am liebsten hätte er mit seinen Mitarbeitern wahrscheinlich per E-Mail kommuniziert, aber das ging ja nun leider nicht. Als eine der beiden Pfeifen sein Glas stilles Wasser, auf Raumtemperatur, kein Rülpsen, kein Magenbrennen, etwas zu laut auf die Glasplatte des Konferenztischs stellte, blickte Meier endlich etwas irritiert auf. Die Pfeife lief leicht rötlich an, aber Meier blickte sowieso am liebsten an allen Menschen schräg vorbei, also tat er das und sagte leise: «Die GL ist besorgt über das negative Image, das im Zusammenhang mit den leichten Verwerfungen auf den Finanzmärkten auch auf Firmen wie die unsere abfärbt. Der CEO hat das zur Chefsache erklärt und uns damit beauftragt, eine Kommunikationsstrategie zu entwickeln, mit der man dem begegnen kann. Time frame ist asap, ein erstes Mecano erwartet er in 24 Stunden, Outline, Keywords, strategische Besetzung positiver Values, klare Positionierung, ja nicht aggressiv, aber auch nicht defensiv. Schlage vor, dass Sie heute um 18.00 h sharp an mich rapportieren.» Meier stand auf und verließ genauso grußlos den Raum, wie er aufgetaucht war.

Tiefe Stille herrschte, der Vize-CCO goss sich auch ein stilles Wasser ein, nahm einen tiefen Schluck und stellte das Glas geräuschlos wieder auf den Tisch. Dabei war ihm allerdings auch nichts Gescheites eingefallen, wie er leise gehofft hatte, aber Routine ist alles, sagte er sich. Schließlich hatte man schon andere Herausforderungen wie die Herstellung eines Kugelschreibers als Kundengeschenk oder die dann doch nicht umgesetzte Übersetzung eines neuen Slogans auf Deutsch mehr oder weniger bravourös gemeistert. «Also», sagte er daher mit gespielter Munterkeit, «piece of cake, Problem erkennen, Problem benennen, Problem lösen, so machen wir das. Zwei Schritte haben wir ja schon hinter uns, wir haben das Problem erkannt und benannt, auch Firmen wie ELW haben ein Imageproblem, das muss gelöst werden. Ich würde vorschlagen, wir machen ein erstes Brainstorming, dann werten wir aus, dann setzen wir um. Gegenvorschläge, Inputs so weit?»

Einer der beiden Communication Assistants hob die Hand: «Im Sinne einer sauberen Definition scheint es mir wichtig, darauf hinzuweisen, dass unser CCO nicht gesagt hat, wir hätten ein Imageproblem, sondern dass anderswo entstandene Imageprobleme auf uns abfärben. Das hat meiner Meinung nach wichtige Implikationen auf unsere Strategie.»

Der zweite Communication Assistant hatte währenddessen verzweifelt nach dem Begriff Imageproblem gegoogelt, aber auf die Schnelle nichts Brauchbares gefunden. Also musste er improvisieren, denn er konnte ja das Feld nicht dem anderen überlassen: «Viel wichtiger als solche Begriffsklaubereien scheint mir doch zu sein, dass wir im ersten Schritt definieren, worin das Imageproblem besteht, das ist ja doch zielführend.»

Der erste Communication-Assistant biss sich auf die Unterlippe, aber er hielt sich zurück, denn nun war ja der Vize-CCO dran. «You have a good point there», sagte der wohlwollend, denn er musste ja mal wieder durchblitzen lassen, dass er gerade von einem weiteren Fortbildungskurs «new communication strategies fit for the future» in Boston zurück nach Zürich gekommen war.

Der erste Communication Assistant wollte aber zumindest ein Unentschieden halten: «Mit einer solchen Begriffsdefinition kommen wir sicherlich einen Schritt weiter, auch wenn der Unterschied zwischen einem Imageschaden und einem abfärbenden Imageschaden dabei berücksichtigt werden sollte.»

Der Vize-CCO sagte: «Da sind wir doch schon einen wesentlichen Step weitergekommen, sehr gut, das ist work in progress, meine Herren. Folgendes weiteres Vorgehen: Es ist jetzt 10.30 Uhr, bis um 12.00 Uhr erstellen wir individuell ein Profil des Imageschadens, bitte hierarchisch geordnet, dann bestellen wir einen Power Lunch, ich schlage Pizzacatering vor, tauschen währenddessen die Ergebnisse aus, und ab 13.00 Uhr entwerfen wir dann die Lösungsstrategien. 15.00 Uhr beginnt die Umsetzung, Fein-Tuning ab 17.00 Uhr, dann sind wir im Schedule und ready, um 18.00 Uhr die Resultate zu präsentieren.»

Alle Anwesenden nickten zustimmend, besonders die Idee mit dem Pizzacatering stieß auf Wohlwollen, mit Sushi und dem dadurch entstehenden fischeligen Geruch hatte man schon unangenehme Erfahrungen gemacht. «Kann jemand Fräulein Wichtig so ab 15.00 Uhr aufbieten, damit die das dann gleich in eine knackige PPP umsetzen kann, wir wollen uns ja nicht mit technischen Peanuts rumschlagen», fügte der Vize-CCO noch hinzu, und kurz darauf bimmelten vier gleichlautende E-Mails in Fräulein Wichtigs Briefkasten.

Dann wurde es ruhig im Raum, alle Anwesenden starrten wichtig in ihre Computerbildschirme, leises Klacken der Tastatur, die ersten Krawattenknöpfe wurden gelockert, ein großes Werk war am Entstehen. Oder auch nicht, denn der Vize-CCO schaute sich zunächst einmal in aller Ruhe die neusten Scherzknallervideos auf youtube an, worauf er, im Gegensatz zu seinen Untergebenen, Zugriff hatte. Die beiden Assistants teilten per twitter ihrem umfangreichen Freundeskreis mit, dass sie in einem weiteren lähmenden Meeting den ganzen Tag gefangen seien, und die beiden Pfeifen suchten im Internet nach den Begriffen Image, leichte Verwerfungen, Finanzmärkte, Problem und Lösung.

Zweiundzwanzig

Ignaz Benz überprüfte im Taschenspiegel den Sitz seiner Krawatte. D&G, die hatte sich zu seinem neuen Boss-Anzug einfach aufgedrängt. Und der war mitsamt den rahmengenähten Navyboot-Schuhen, den leicht glänzenden Seidensocken und dem Gürtel von Armani fällig gewesen.

«Eine Chance once in a lifetime», hatte ihm Bürgisser gestern gesagt, denn der CEO Private Banking der Kreditunion liebte englische Wendungen, «Kuster hat uns recht forsch verlassen, und ich habe Sie ausgewählt, diese Vakanz zu füllen. Vorläufig auf einer day-by-day-Basis, Ihr aktueller Arbeitsvertrag bleibt in Kraft, aber ich zahle Ihnen aus meinem Sonderfonds einen täglichen Zuschlag von, nun, sagen wir 500 Franken. Dazu übergebe ich Ihnen einige Klienten aus dem Portefeuille von Kuster und stelle Ihnen Frau Muggli ab, die weiß ja, wie der Laden läuft und war lange genug meine zweite Sekretärin, äh, Assistentin. Und wer weiß, wenn Sie ein Dream-Team werden, dann sprechen wir von einer möglichen definitiven Umwandlung Ihrer Position. Ihre neuen Visitenkarten mit dem Titel eines Vize Executive Junior Director Private Banking sind bereits im Druck. Bilden Sie sich auf den Titel aber nicht zu viel ein, der soll ja vor allem Ihre Kunden beeindrucken.»

Benz hatte begeistert genickt, Pflichterfüllung, Dankbarkeit und unbedingten Leistungswillen versprochen und war auf Shopping-Tour gegangen. Inzwischen bedauerte er, dass er nach längerem Schwanken vom Ankauf einer Breguet auf Kredit Abstand genommen hatte.

Aber hallo, dachte Benz, als Frau Muggli sein neues Büro betrat. Für die Bluse braucht die ja einen Waffenschein, fantasierte er drauflos, so eine scharfe Braut, die habe ich in spätestens einer Woche flachgelegt. Genauso habe ich mir den vorgestellt, dachte Sandra Muggli, saugt sich mit seinen Augen an meinen Brüsten fest, den habe ich in drei Tagen um den Finger gewickelt.

Nach dem Austausch der üblichen Begrüßungsfloskeln komplimentierte Benz seine neue Assistentin zur Besprechungsecke, zwei schwarze Sessel, schwarze Couch, Glastisch. Was für ein Hintern, dachte er dabei, sagenhaft, den müsste die eigentlich wie Jennifer Lopez versichern lassen. Nun starrt er mir sicher auf meinen Po, dachte Sandra Muggli und achtete darauf, beim Hinsetzen einen leichten Extraschwung hinzulegen, bevor sie ihre Beine übereinanderschlug.

Wenn die nicht diesen dämlichen Business-Anzug anhätte, sondern Seidenstrümpfe unter einem kurzen Lederrock, dann würde ich sie gleich jetzt rannehmen, dachte Benz. Aber was nicht ist, kann ja noch werden. Der denkt im Moment sicherlich nicht an Ertragswinkel, sondern an Erektionswinkel, war sich Muggli sicher.

«Ignaz», eröffnete Benz das Gespräch, so siehst du auch aus in deinem mittelmäßigen Boss-Anzug, der unpassenden D&G-Krawatte mit viel zu dickem Knopf und Moment, rieche ich da etwa «Cool Water»-Aftershave? Aber wirklich erschüttert war Muggli, als sich Ignaz mit den Händen durch seinen Bürstenhaarschnitt fuhr, igitt, der knabbert ja an den Fingernägeln seiner Wurstfinger.

Ignaz unterdrückte tatsächlich einen entsprechenden Impuls erst im letzten Moment und fuhr fort: «Ich hoffe, Sie haben nichts dagegen, wenn wir auf Vornamen umstellen, gibt doch gleich eine bessere Arbeitsatmosphäre.»

«Aber gerne, Sandra», erwiderte Sandra und schenkte ihm ein strahlendes Lächeln, das sie in jeder Lebenslage an- und ausknipsen konnte. Ignaz kämpfte immer noch mit seinem Bedürfnis, die Stümpfe seiner Fingernägel zu seinen Zähnen zu führen. Stattdessen nahm er das Ende seiner Krawatte in die Hand und klappte es hoch und runter. «Ich habe im Auftrag von Herrn Bürgisser die prioritären Dossiers in Ihre In-Box gelegt», eröffnete Sandra die Kampfhandlungen, «drei HNWI sollten heute Morgen noch telefonisch kontaktiert werden. Ist das ein Problem für Sie, Ignaz? Vielleicht brauchen Sie da etwas mehr Zeit, sich einzuarbeiten.» Ignaz ließ die Krawatte hochgeklappt und hoffte, dass Sandra das übergroß eingestickte Logo von D&G sehen würde. Er könnte sich in den Hintern beißen, dass er die Breguet doch nicht genommen hatte, die hätte er jetzt gut ins Spiel bringen können.

«Aber nein, piece of cake», sagte er, «bring them on, ist meine Devise.» Na, wenn du Würstchen wüsstest, dass Bürgisser natürlich nur die selbst nach den Maßstäben der Kreditunion ekelhaftesten Kunden bei Ignaz abgeladen hatte, dachte Sandra, du bist hier auf mission impossible, mein Lieber, aber das wirst du schon noch merken. Das hat sie beeindruckt, dachte Ignaz, das sehe ich genau, die mag Machos wie mich.

Gleich legte er noch nach: «Mein Hobby ist ja Extremklettern, ungesichert natürlich, das gibt die mentale Stärke, die man im modernen Banking braucht.»

Sandra verstärkte die Strahlkraft ihres Lächelns und mischte noch ein Spur Bewunderung hinein: «Das ist aber ganz schön gefährlich», drückte sie auf den nächsten Knopf.

«Ach», sagte Ignaz und machte eine wegwerfende Bewegung mit seinen Wurstfingern, «nur wenn man an seine Grenzen kommt, kann man sie erweitern, das ist meine Devise.»

Na, dachte Sandra, da wirst du heute Morgen aber ganz schnell an deine Grenzen kommen. «Nun, dann lasse ich Sie in Ruhe arbeiten, wenn Sie mich brauchen, Sie wissen ja, wo Sie mich finden.»

Aber sicher brauche ich dich, du geile Fickmaus, dachte Ignaz und starrte gedankenverloren ihrem Hintern hinterher, während sie den Raum verließ. Dann unterdrückte er den Wunsch, den Armani-Gürtel zu lösen und sich seine neuen Boss-Anzugshosen aufzuknöpfen und setzte sich stattdessen seufzend vor seinen Bildschirm. Durch einen Nebel von Sexfantasien hindurch versuchte er, ein paar Informationen als Vorbereitung auf die drei Gespräche aufzunehmen, Anlageprofil, Zusammensetzung des Portefeuilles, persönliche Daten, Kuhat-Liste. Was für eine idiotische Abkürzung, dachte er dabei, Kuhat für «Kunde hat», also alles Kleingedruckte, das man dem Kunden gegenüber als Waffe verwenden konnte, wenn er sich über Massaker an seinen Anlagen beschwerte, haben Sie alles gekriegt, gelesen, abgezeichnet, hehe. Sehnsüchtig starrte er immer wieder zur

Couch hinüber und stellte sich vor, wie sich dort Sandra in Seidenstrümpfen und High Heels unter seinen Stößen wand, «ja, mehr, mach mir den Hengst» stöhnte, während er …

«Wären Sie dann so weit», unterbrach ihn Sandras Stimme aus seiner Intercom-Anlage gerade noch rechtzeitig, «oh ja, ich bin soweit», murmelte Ignaz, dann fummelte er etwas mit seinen Wurstfingern an der Anlage herum, fand den richtigen Knopf und sagte: «Aber sicher, greife gerade zum Telefonhörer.» Na, ich möchte nicht wissen, wo du vorher hingegriffen hast, dachte Sandra und drückte auf einen Knopf ihrer Anlage, damit das Gespräch von Ignaz aufgezeichnet wurde.

«Herr Bachtobel», trötete Ignaz in die Sprechmuschel, «hier ist Vize Executive Junior Director Benz von der Kreditunion. Wie geht es Ihnen denn heute?»

«Mein Name ist Bachentobler», quoll es grantig zurück, «wer sind Sie und was geht es Sie an, wie mein Befinden ist?»

Ups, dachte Ignaz, kleine Fehlzündung, da hauen wir doch einfach den Turbo rein: «Benz von der Kreditunion. Ich habe die Ehre, Ihr neuer persönlicher Berater zu sein, Herr Bachentobel. Vielleicht darf ich Ihnen vorschlagen, dass wir uns bei einem Lunch persönlich kennenlernen, Sie wissen ja, es geht nichts über einen Handshake und ein face zu face.»

«Mein Name ist Bachentobler, das kann ja wohl nicht zu schwierig sein. Und ich wurde dahingehend orientiert, dass Herr Bürgisser persönlich die Betreuung meines Portefeuilles übernimmt. Wieso sollte ich mich da mit Ihnen zum Lunch treffen? Ganz abgesehen davon, dass Herr Kuster und wohl auch die Kreditunion wissen, dass ich niemals zu Mittag esse.»

Ups, dachte Ignaz wieder, steht das etwa in seinem Dossier? Na, das kann einen Extremkletterer doch nicht erschüttern, dann halt die Charmeoffensive: «Lieber Herr Bachentobler, verzeihen Sie meine Unachtsamkeit, da reserviere ich doch gerne bei Petermann einen Tisch zum Dinner, wenn's recht ist. Herr Bürgisser hat angesichts seiner umfangreichen Verpflichtungen, die finanziellen Verwerfungen gehen ja auch an der Kreditunion nicht spurlos vorüber, ausgewählte Kunden an mich …»

«Dass die Finanzkrise nicht spurlos an Ihrer Bank vorübergeht, merke ich», unterbrach ihn Bachentobler, «muss ja Feuer im Dach sein, wenn die dritte Garnitur in die Schlacht geworfen wird. Richten Sie Herrn Bürgisser aus, dass ich noch heute Vormittag seinen Anruf erwarte, sonst räume ich meine 27 Millionen bei Ihnen ab.»

«Herr Bachentobler, vielleicht sollten wir unser Gespräch, Herr Bachentobler?» Vorsichtig legte Ignaz den Hörer auch auf. Ist ja etwas suboptimal gelaufen, dachte er, aber ich bin ja doch gespannt, wie Bürgisser dem erklärt, dass er bestenfalls noch 19 Millionen bei uns abziehen kann.

Dreiundzwanzig

Kuster saß fröhlich in den Headquartes von PK Financial Consulting. Braungebrannt und ausgeruht, denn die sechs Monate Lohnfortzahlung hatte er sinnvoll ausgefüllt. Zunächst eine Partysause quer durch Europa, Rom, London, Paris, Madrid, dann ein Abstecher nach Hongkong und von dort aus weiter nach Mikronesien. Einfach so, wollte er schon immer mal hin. Das Palau Pacific Resort hatte zwar nicht alle Annehmlichkeiten geboten, die sich Kuster gewohnt war, aber zum Tauchen war es großartig, und mit der Frage «waren Sie schon mal auf Mikronesien?» konnte er sicherlich punkten. Luxus ist im Moment sowieso etwas vorbei, sagte sich Kuster. Nachhaltigkeit, Bescheidenheit, Rückbesinnung auf wahre Werte, Tradition, das sind die Core Values von Bankiers, die gelernt haben, die umgedacht haben, die sich neu positionieren. Großartig, dachte Kuster, ich bin ja fast übertrainiert.

Sein Assistent Müller hatte nach einem Kurzurlaub auf Mallorca die Organisation von PK Financial Consulting an die Hand genommen, gelegentlich unterbrochen von Anrufen Kusters auf einer knisterten Satellitenverbindung, meistens nachts um vier. «Oh, da habe ich wohl wieder etwas bei der Zeitdifferenz durcheinandergebracht», hatte Kuster gesagt, und Müller hatte schlaftrunken geantwortet: «Hier ist alles im grünen Bereich», und dann aufgelegt.

Aber abgesehen von diesen Störungen war wirklich alles wie ein Uhrwerk gelaufen, repräsentatives Büro in der Anwaltskanzlei Vetterli & Vetterli gleich hinter dem Paradeplatz, vorläufig für einen Schnäppchenpreis, unten ein neues Schildchen, zwei neue Telefonlinien, als AG im Handelsregister eingetragen, «Finanzdienstleistungen aller Art», genügend Visitenkarten gedruckt, alles super. Lediglich der Internet-Auftritt war etwas kompliziert geworden, die Homepage stand zwar da, leuchtete im üblichen Bankerblau und versprach die üblichen umsichtigen und maßgeschneiderten Anlagemodelle für einen exklusiven Kreis ausgewählter Kunden, die das Besondere und Bewährte suchen. Aber das mit dem Log-in und als Kunde selber im Portefeuille rumwühlen, das hatte dann doch ein paar heikle Sicherheitsaspekte und Vorschriften, die beachtet werden müssen. «Kein Problem», hatte Kuster durch die Leitung geknistert, als ihn Müller über diese unvorhergesehenen Hindernisse informiert hatte, «dann stellen wir das on hold, muss jetzt meinen Lieblingsmanta suchen.»

Kuster blickte wohlgefällig auf sein blütenweißes Hemd hinunter, exakt in der Mitte die dezent blaue Krawatte von Brioni, denn er hatte sich entschlossen, ein One-Trademark-Man zu werden, Schluss mit Kompromissen, nur schade, dass Brioni keine Schuhe herstellt. «So, Müller», bellte Kuster freundlich in die Gegensprechanlage, «dann wollen wir mal das Business zum Laufen bringen, was liegt an?»

Der Lautsprecher blieb einen Moment stumm, dann sagte Müller: «Nun, äh, Lunch wie immer um 11.45 h, Massage von 13.30 bis 14.15 h, Ihr Personal Trainer erwartet Sie wie immer um …»

«Das weiß ich ja alles», fuhr Kuster schon etwas unfreundlicher dazwischen, «aber jetzt ist es 8.15 h, ich meine, welche Kundentermine habe ich, sind die Dossiers parat, was ist der catch of the day?»

Eine längere Pause, dann: «Nun, da sollten wir wohl eine To-do-Liste erstellen, in diesem Augenblick gibt es keine fixierten Meetings.»

«Was, ich habe nichts auf dem Teller, nicht mal eine klitzekleine Umschichtung eines Depots? Ja was haben Sie denn die ganze Zeit gemacht, außer auf meiner Payroll zu stehen? Ich dachte, hier sei alles im grünen Bereich! Okay, ich sehe schon, ich muss mich wie immer um alles selber kümmern.» Kuster kippte Müller aus der Leitung und konsultierte seinen Blackberry. Fängt ja gut an, dachte er, und dann begann er, die Liste von Kunden abzutelefonieren, die ihm vor seinem Abgang bei der Kreditunion ewige Treue geschworen hatten und ihm versichert, dass sie die Verwaltung und Mehrung ihres Vermögens unter keinen Umständen in andere Hände als in die von Kuster legen würden. Zwei Stunden später lockerte sich Kuster seine Krawatte, und ein Blick auf seine Achselhöhlen bestätigte seinen Verdacht: leichte Schweißflecken. Immer wieder hatte er die Worte Nachhaltigkeit, Tradition, Rückbesinnung auf wahre Werte in den Telefonhörer tröpfeln lassen, auch gelegentlich seinen Ausflug nach Mikronesien erwähnt, da ist man Mensch in der Natur, paradiesisch und ganz einfach, unbedingt empfehlenswert, das ist der neue Ansatz beim Reisen. Leider hatte er die Fragen, ob es da auch einen Golfplatz, einen Rolls-Royce oder scharfe einheimische Nutten gab, verneinen müssen. Aber selbst diese Fragen waren nicht häufig gestellt worden, meistens endete das Gespräch schon mit der Feststellung, dass man Kusters Dienstleistungen immer geschätzt habe, zweifellos, und großartig, dass er sich selbstständig gemacht habe, aber man habe von der Kreditunion inzwischen ein wirklich überzeugendes Angebot erhalten, «vielleicht nicht nachhaltig, aber der wahre Wert von mindestens 12 Prozent, eher 15 ist ja nun auch nicht zu verachten, dazu das Backoffice einer internationalen Großbank, Analystenteams rund um die Uhr im Einsatz, Vier-Augen-Prinzip bei jeder Anlageentscheidung, und Sie haben, wenn ich mich nicht täusche, ja nur zwei Augen», hatte Anderson, 37 Tonnen schwer, ironisch in den Hörer gegluckst.

Kuster hatte noch seine letzten Knallerargumente gezündet, er sei unabhängig, «jede Bank verkauft Ihnen doch am liebsten ihre eigenen Anlageprodukte, da ist nichts maßgeschneidert, und dann die langjährige Vertrauensbasis, die wir zusammen aufgebaut haben ...»

«Ach ja», hatte Anderson gekichert, «Sie wollen mir also sagen, dass Sie in den letzten Jahren, beim Aufbau unserer Vertrauensbasis, mir als Mitarbeiter der Kreditunion bloß deren Zeugs aufs Auge gedrückt haben und nix von maßgeschneidert? Wenn ich Ihnen da einen kostenlosen Tipp geben darf: Denken Sie sich schleunigst ein neues Wording aus und probieren Sie das dann beim nächsten Kunden, okay?»

Schachmatt, dachte Kuster, fängt nicht wirklich gut an. Aber da bleibt ja immer noch Wladimir.

Vierundzwanzig

Corporate Communications hatte einen Auftrag gefasst. Der CEO der Abteilung Private Banking der Schweizer Kreditunion musste die Keynote bei irgendeinem Anlageberaterstelldichein in Frankfurt halten. Eigentlich wäre die Message ja klar und simpel: Jungs, ihr kriegt eine Retrozession für jeden Steuerhinterzieher und Schwarzgeldanleger, den ihr uns anschleppt, dass euch die Ohren wackeln. Wir als Schweizer Kreditunion dürfen ja keine aktiven Geschäfte in eurer Scheiß-EU betreiben, denn blöderweise hat unser Ex-CEO in einem Anfall von Sparwahn unsere Banklizenz in Luxemburg zurückgegeben, aber mit eurer Hilfe kommt schon alles super. Und bleut euren besseren Kunden ein, dass sie endlich mal aufhören sollen, so dämlich zu sein und mit Bankunterlagen im Koffer über die Grenze zu rauschen. Lagern wir doch alles gerne bei uns ein, kostet zwar extra, aber leben und leben lassen ist unsere Devise. Und als Sahnehäubchen: In 250 Jahren Kreditunion ist noch nie eine Kundenliste in falsche Hände geraten, wie das den Trotteln in Liechtenstein ständig passiert. Da kann Steinbrück noch so zetern und drohen: Auf die alte Frage, wie schleuse ich mein wohlverdientes Geld am deutschen Fiskus vorbei, wird es immer gute Antworten geben.

Aber so ging das ja nun nicht, also setzte sich das Räderwerk von

Corporate Communication in Gang. Die CCO ließ ihren Personal Assistent einen Meeting-Room im Monopol reservieren, er solle doch mal aus der Liste der externen Ghostwriter einen raussuchen, ein Briefing zusammenstellen, Vorlage vorab an sie, Honorarrahmen nicht vergessen, und dann werden Nägel mit Köpfen gemacht. Das Meeting wurde zweimal verschoben, Terminkollisionen, aber dann saßen der Personal Assistent, die CCO und ein beflissener Ghostwriter im Meeting-Room. Schwere Polstergarnitur, dunkler Eichentisch, dezente Kunst an den Wänden, Blick auf den Zürichsee, Bodenheizung selbstverständlich, beruhigende Pastellfarben überall.

«Wir gehen das Briefing vielleicht mal schnell durch», sagte der Personal Assistent, «wir möchten gerne die Innovationskraft der Kreditunion betonen, aber natürlich eingebettet in unsere starke Tradition.»

«Aha», sagte der Ghostwriter beflissen, obwohl er eigentlich nur Bahnhof verstand.

«Und dann möchten wir die Schweizer Sicht auf Europa kurz in den Fokus stellen, unter besonderer Berücksichtigung des Aspekts, dass wir näher am Kunden sein möchten.»

«Sehr gut», sagte der Ghostwriter, «unbedingt. Aber wenn ich mich nicht täusche, darf die Kreditunion doch gar keine Kundenbeziehungen in Deutschland unterhalten.»

«Äh», sagte der Personal Assistent, und die CCO, die bislang genüsslich an der Kaffeetasse genuckelt hatte, griff zum ersten Mal ein: «Guter Punkt», sagte sie, «so kann man das natürlich nicht formulieren.» Der Personal Assistent lief rot an und fragte sich, ob sich hier ein Karriereknick abzeichnete.

«Aber ich verstehe natürlich die Intention», sagte der Ghostwriter verbindlich, «überlassen Sie das ruhig mir.»

«Genau», sagte der Personal Assistent erleichtert, «diesen Punkt können wir dann im Draft noch genauer aufnehmen, wir müssen ja auf Deutschland eingehen, nicht wahr, aber eben, diese Dualität zwischen Tradition und Innovation, das ist natürlich die Key Message, absolut zentral.»

«Wandel als Chance, dabei Fortführung unserer Kernkompetenzen, der Schritt in die Zukunft, auf dem Weg einer Kontinuität, unsere Stabilität in der Dynamik, das sind die Begriffsfelder», sagte die CCO energisch.

«Natürlich», pflichtete ihr der Ghostwriter bei, «da kann ich mich sehr gut hineindenken. Vielleicht baue ich da ein paar amüsante Wortspiele ein.»

Die CCO hob leicht eine Augenbraue: «Also amüsant, ich weiß nicht, das passt wohl nicht so zu unserem Image als seriöse Bank, aber unterhaltend, natürlich, ein Vortrag muss unterhaltend sein.»

«Genau», sagte der Ghostwriter, «jetzt ist mir auch die Tonalität klar, es geht doch nichts über ein gutes Briefing. Dürfte ich da vielleicht noch die Aspekte Steuerstreit und Schwarzgeld in den Raum stellen?»

Ein tiefes Schweigen senkte sich über die schwere Polstergarnitur und kroch die pastellfarbenen Wände hinauf. Die CCO und ihr Personal Assistent starrten den Ghostwriter an, als habe er einen Furz gelassen. «Also da müsste man vielleicht proaktiv ein paar Sätze einbauen, das Thema wird doch sicher angeschnitten werden», legte der Ghostwriter nach, der befürchtete, dass sich sein nettes Honorar als Kollateralschaden in Luft auflösen könnte. Scheiß-Steinbrück, dachte er, aber vielleicht hätte ich ja auch die Schnauze halten sollen.

«Ich glaube nicht, dass diese Problematik im Rahmen einer Keynote …», begann der Personal Assistent mutig, aber seine Chefin fiel ihm ins Wort, nachdem sie ihre Kaffeetasse resolut abgestellt hatte: «Interessanter Aspekt, den man allerdings nicht überbewerten sollte. Vielleicht ein Hinweis, dass wir selbstverständlich im Rahmen der Gesetze Steueroptimierungsmodelle anbieten, könnte unter Umständen nicht schaden», sagte sie. «Wobei, es muss natürlich strikt darauf geachtet werden, dass wir uns als Finanzdienstleister weder in politische Auseinandersetzungen einmischen noch ein klares Statement in dieser Frage abgeben.»

Einerseits schon, anderseits doch wieder nicht, ein klares Ja zu einem klaren Nein, ein deutliches Sowohl-als-auch, seufzte der

Ghostwriter innerlich. Na, dann werde ich mich mal über die Ziellinie bewegen, beschloss er: «Ich werde Ihnen da drei verschiedene Wordings vorbereiten, also ein Modul, das man auf Wunsch auch wieder entfernen kann, das gehört natürlich zum Service. Sie bekommen meinen Draft in KW 7, danke für das Briefing und die angenehme Zusammenarbeit.»

«Macht einen guten Eindruck», sagte die CCO huldvoll, nachdem der Ghostwriter den Meeting-Room verlassen hatte.

«Der versteht wenigstens, was unsere Kernbotschaften sind», pflichtete der Personal Assistent bei, «die haben Sie aber auch wirklich auf den Punkt gebracht.» Damit hoffte er, seine kleine Scharte von vorhin ausgewetzt zu haben. Allerdings nur so lange, bis er in die Abteilung Kundenreklamationen strafversetzt wurde.

Fünfundzwanzig

«Es ist ungeheuerlich», sagte Frank C. Künzli zu seiner Frau, «wie unser Image als seriöse Schweizer Bankiers in den Dreck gezogen wird.»

Seine Frau schaute gelangweilt durch ihren Gatten hindurch und konzentrierte ihren Blick auf die Dämmerung über dem Zürichsee. Von der Terrasse ihrer Loft im steuergünstigen Freienbach hatte sie eine großartige Aussicht darauf. Schon wieder dieses Thema, dachte Frau Künzli, davon erholt er sich den ganzen Abend nicht, und am Schluss ist er besoffen und kriegt keinen mehr hoch. Was auch kein Unglück ist, nickte Frau Künzli. Ihr Gatte nahm das als Zustimmung und stocherte lustlos im Vitello Tonnato vom Blanco-Catering. Er hatte lange geschwankt, ob er lieber einen Bianco di Custoza oder den Critone dazu servieren sollte. Schließlich hatte er sich für den Chardonnay-Sauvignon aus Kalabrien entschieden, obwohl der mit lächerlichen 15 Franken eigentlich nicht zum sonstigen Niveau seines Weinkellers passte.

«Abzocker, geldgierig», echauffierte sich Künzli, «das ginge ja vielleicht noch, aber man wirft uns auch Inkompetenz, Versagen,

Unfähigkeit vor, außerdem seien wir nur an unserem eigenen Wohlergehen, an Luxusleben, an Prestige interessiert.»

Wie könnte man das nur vermuten, dachte Frau Künzli, wo du doch selbst deinen Namen von Franz Künzli in Frank C. Künzli geändert hast, käme besser bei den englischsprachigen Kunden an.

«Ungeheuerlich», wiederholte Künzli, nahm einen tiefen Schluck vom Critone und schob den Teller von sich fort. Dann schnippte er mit den Fingern, und die portugiesische Angestellte tauchte aus dem Nichts auf und begann abzuräumen. «Natürlich müssen wir repräsentieren», setzte Künzli seinen Monolog fort, «erinnerst du dich an Winterfield, upps, den Namen vergisst du aber gleich wieder, der war nach den kleinen Massakern auf den weltweiten Börsen und in seinem Portefeuille so sauer, dass er eigentlich sein ganzes Depot abziehen wollte. Aber als ich ihn in der ‹Juwelenhalle› darauf aufmerksam machte, dass er zum Rindsbraten unbedingt einen Burgunder nehmen solle, am besten gleich einen Romanée-Conti, die Sauce ist ja auch mit Burgunder angesetzt, und hinterher noch einen Chablis Pic, den er gar nicht kannte, da überlegte er sich's wieder anders.»

Als ob ich mir die ganzen Namen merken würde, dachte Frau Künzli, aber an das Besäufnis erinnere ich mich, da musstest du mal wieder im Besucherzimmer übernachten, der Gestank nach Alkohol war unerträglich gewesen.

«Komme gleich wieder», sagte Künzli, und seine Frau dachte: Wusste ich es doch, aber bevor du dich an nichts mehr erinnerst, muss ich dann den richtigen Moment für mein kleines Anliegen erwischen. Vorsichtig stellte Künzli eine Mahagoni-Kassette auf den Marmortisch und sagte ehrfürchtig: «Das, meine Liebe, ist ein Macallan, von Speyside, Jahrgang 1946, einer der seltensten Single Malt, die es gibt.»

Als ob ich mir die Namen von all den Whiskys merken könnte, dachte seine Gattin und sagte: «Na, da hat sich ja die Anschaffung eines Extra-Weinkellers für deine Sammlung gelohnt.»

«Ja, ich weiß», schnappte Künzli zurück, «du hältst das für überflüssig, aber man kann eben Weine und Single Malts nicht problemlos im selben Keller lagern, außerdem braucht meine Sammlung von mehr als 300 Raritäten halt ihren Platz. Erinnerst du dich noch, als Well…», gerade rechtzeitig verschluckte Künzli den Rest den Namens, «also als dieser UHNWI samt Begleiterin hier war, und der wollte dann unbedingt einen Highland Park, natürlich 25 years old, und ich musste doch eine Weile suchen, bis ich die Abteilung Orkney-Inseln hinter dem gerade gelieferten Château Margaux fand, das war ja peinlich.»

Wirklich peinlich war, wie du dem und seinem platinblonden Flittchen hinten reingekrochen bist, dachte Frau Künzli, aber dann biss sie sich auf die Lippen, das wäre sicherlich nicht die geschickteste Einleitung für ihr eigenes Anliegen gewesen.

Künzli achtete gar nicht auf seine Gattin, sondern drehte andächtig den Schlüssel im Schloss der Kassette rum und zeigte ihr seinen Schatz: «Siehst du, mit Urkunde, der kostet locker 3000 Eier, aber das ist er auch wert.»

Das ist mein Stichwort, dachte Frau Künzli: «Ach übrigens, ich freue mich ja immer, wenn du Geld für dein Hobby ausgibst, aber in meiner Boutique müsste man langsam auf die Sommerdekoration umstellen, und ich habe da ein fantastisches Angebot von der Blumenhalle, zweimal die Woche frische Dekoration, sieht großartig aus, was meinst du?»

Künzli schwankte hin und her, ob er sich weiter mit dem vorsichtigen Entkorken der Flasche beschäftigen sollte oder mit der nötigen Aufmerksamkeit auf die Frage seiner Frau reagieren. Denn ihre Schmuck-Boutique an bester Lage beim Paradeplatz hatte sie immerhin von ihrer Pillensucht geheilt, aber die monatlichen Kosten standen doch in einem sehr ungünstigen Verhältnis zu den dürftigen Einnahmen, obwohl Künzli kaum einmal bei Kundengesprächen darauf verzichtete, auf die wunderbare Gelegenheit, «wenn Ihre gnä Frau Gattin etwas shoppen will», hinzuweisen. Aber der Macallan war stärker als sein gesunder Menschenverstand, also sagte Künzli: «Sicher, hört sich großartig an.» Dann genoss er mit verklärtem Blick den ersten Schluck, und seine Gattin dachte: Sehr schön, dann schaue ich dir jetzt zu, wie du dich vollaufen lässt. 3000 Franken die Flasche, du spinnst ja. So viel kostet die Blumendekoration in einem Monat, und das ist wenigstens sinnvoll ausgegebenes Geld.

Sechsundzwanzig

Hugentobler saß an seinem Schreibtisch und spielte mit dem zweiten Bankcheck über eine Million. Wusste gar nicht, dachte er fröhlich, dass man bei der Pleite einer Bank reich werden kann, großartig.

Er wollte den Check schon in ein Couvert stecken, als ihm eine viel bessere Idee kam. Er fuhr mit dem Lift ins Erdgeschoss und trat in die Bahnhofstrasse hinaus. Belustigt betrachtete er die Passanten; wenn ihr wüsstet, dachte er. Dann suchte er sich ein ruhiges Plätzchen und zückte sein Privathandy: «Herr Walthinten, wie geht es dem Fürsten, alles im grünen Bereich in Liechtenstein?»

«Hallo», sagte Treuhänder Walthinten, der es sich gewohnt war, am Telefon nie Namen zu nennen, «darf ich Sie zur Sicherheit um eine Identifikation bitten?»

«Trittst im Morgenrot daher, 7659», erwiderte Hugentobler, «ich hätte da einen Auftrag für mein Treuhandkonto Semper fides, eine Bestätigung wird Ihnen heute noch von den Bahamas gefaxt. Investieren Sie, Valuta heute, eine Million CHF in EBS-Aktienoptionen, leer, ich wiederhole, leer, Leverage zehn, Zeithorizont drei Tage. Ein Bankcheck geht heute per Boten an Sie ab.»

«Ich wiederhole», sagte Walthinten geschäftsmäßig, «für eine Million EBS-Aktienoptionen, leer, Valuta heute, Ankauf in drei Tagen, Fremdkapital 10 Mio.»

«Und für den Ratschlag, dass Sie das Gleiche tun sollten, zwischenfinanzieren Sie den Betrag, bis der Check validiert ist und verzichten auf Ihre übliche Kommission, okay?»

«In Ordnung», sagte Walthinten ohne zu zögern, «freut mich immer, mit Ihnen Geschäfte zu machen.»

Hugentobler legte auf und dachte: Wenn die Bombe platzt, dass die EBS Krach mit der amerikanischen Regierung hat, weil sie jahrelang amerikanischen Steuerbetrügern geholfen hat, dann saust die Aktie bestenfalls um 30 Prozent in den Keller, was bei einer Hebelwirkung von zehn aus seiner Million in drei Tagen vier machen würde. Herrliche Zeiten, dachte Hugentobler und betrachtete ein letztes Mal die Passanten auf der Bahnhofstrasse, während er durch die wuchtigen Säulen in den Haupteingang der EBS spazierte, wenn ihr Deppen wüsstet. Allerdings, dachte Hugentobler, wenn die EBS-Aktie nicht wie erwartet in den Keller geht, sondern der Handel eingestellt wird, weil die Pannenbank hops geht, dann habe ich ein kleines Problem. Aber no risk, no fun, das war schon immer meine Devise als Banker.

Hugentobler hatte sich gerade die Krawatte gelockert und die Füße auf seinen lederbezogenen Regency-Schreibtisch gelegt, als sein Telefon klingelte. Wahrscheinlich verdiene ich gleich wieder eine Million, dachte Hugentobler, das habe ich im Urin. «Hugentobler, dringendes Meeting in fünf Minuten», dröhnte die Stimme seines COO aus dem Hörer.

He, wir Banker können doch in die Zukunft schauen, staunte Hugentobler, das nimmt hier ja langsam Formen an. Können unsere Pfeifen denn nicht mal eine Woche vorbeigehen lassen, ohne wieder in ein neues Riesenschlamassel zu geraten? Gerade erst hat doch unsere geschätzte Landesregierung in einer Nacht-und-Nebel-Sitzung beschlossen, meine geschätzte Bank höchstamtlich anzuweisen, 244 Kontodaten von amerikanischen Schwarzgeldakrobaten der US-Regierung zu übergeben. Damit haben wir es immerhin in kürzester Zeit geschafft, das Schweizer Bankgeheimnis zu schleifen, mit dem wir uns über siebzig Jahre lang dumm und dämlich verdient haben. Und nebenbei kommt unsere Buchhaltung kaum damit nach, Konten von erschreckten Anlegern zu saldieren, die ihr Geld im Multipack abziehen. Schlimmer kann es ja eigentlich nicht werden. Besser allerdings auch nicht, dachte Hugentobler dann, wenigstens für mich, denn die EBS-Aktie war erwartungsgemäß auf unter zehn

Franken gefallen, womit sein kleines Spekulationsgeschäft einen satten Gewinn von rund drei Millionen Franken eingefahren hatte. Also eigentlich könnte ich jetzt aus meinem Büro rausspazieren und mich hier nie mehr blicken lassen.

Aber seine Neugier siegte dann doch, und er setzte sich pünktlich und erneut vor den Schreibtisch des COO, der allerdings einen leicht derangierten Eindruck machte; die Krawatte saß etwas schief, und an seinen Händen hatte er Flecken von der grünen Cheftinte. Sein Haar fiel ihm noch wirrer als sonst in die Stirn, und über tiefen Augenringen blickte Hugentobler ein blutunterlaufenes Augenpaar an.

«Na», sagte Hugentobler mit der Lässigkeit eines Mannes, dem niemand mehr etwas konnte, «was ist denn jetzt wieder los? Haben wir den Schlüssel zu unserem Safe verloren? Oder wurden Sie wie Herr Mopsel aus der Juwelenhalle gebuht?»

Der Chief Operating Officer wies Hugentobler nicht zurecht, sondern sagte matt: «Wir waren ja zusammen mit unserer Landesregierung davon überzeugt, dass die Herausgabe von 244 Kundendaten als Zeichen des guten Willens und als präzedenzlose, einmalige Aktion die bedauerliche Missstimmung zwischen der US-Regierung und unserer Bank bereinigen würde.»

«Genau», erwiderte Hugentobler, «damit haben wir uns allerdings die Missstimmung von ein paar Tausend weiteren Kunden eingehandelt, die schwuppdiwupps ihre sämtlichen Einlagen abräumten. Muss ich jetzt etwa in Bern doch noch einen Nachschlag verlangen?»

«Nein», quetschte der COO heraus und fuhr sich mit seiner Hand durch die Haare, wobei er ein paar interessante grüne Spuren auf seiner Stirn hinterließ, «wir sind eigenkapitalmäßig bestens aufgestellt und mitten in einem erfolgreichen Turn around.»

«Prima», zog Hugentobler weiter die Schraube an, «dann ist ja Ihr und mein Bonus gesichert, wollen wir darauf nicht einen Roederer Cristal köpfen?»

Aber der COO schluckte auch das kommentarlos, und Hugentobler kam langsam zur Überzeugung, dass die EBS wirklich am

Arsch sein musste. «Das Problem ist», bequemte sich der COO endlich, mit der bitteren Wahrheit herauszurücken, «dass die amerikanische Steuerbehörde am Tag nach der Übergabe der 244 Kundendaten weitere angefordert hat.»

«Na», sagte Hugentobler, «das war ja zu erwarten, ich gehe doch davon aus, dass die 300-köpfige Task Force das antizipiert hat und entsprechende Abwehrstrategien existieren.»

Der Blick in die stumpfen, blutunterlaufenen Augen des COOs hatten Hugentobler seine Antwort bereits ahnen lassen: «Selbstverständlich wurden alle Exit-Szenarien durchgespielt und alle möglichen worst case Optionen aufgefächert», erwiderte der COO, und Hugentobler dachte, wieso können wir selbst jetzt, wo sich das alles als reiner Schwachsinn erwiesen hat, dieses dämliche Managergequatsche nicht lassen. «Wir konnten aber nicht vorhersehen, welche Zahl von Kundendaten die amerikanische Steuerbehörde neu von uns einfordert.»

«Ach», sagte Hugentobler, «die Gesamtzahl unserer amerikanischen Kunden wurde nicht in die Berechnungen einbezogen? Da hätte ich aber spontan einen sinnvollen Sparvorschlag: Hauen Sie die 300 Trottel, die unsere großartige Task Force bilden, fristlos raus.»

Der COO schien ihn nicht gehört zu haben, denn er stieß nur heraus: «68 000, können Sie sich das vorstellen? Die wollen 68 000 Kontoverbindungen. Das wäre das Ende der EBS.» Tja, no risk, no fun, dachte Hugentobler, wenn man jahrelang vor den Augen der Amis einen Schwarzgeldbunker nach dem anderen für Gringos eröffnet, muss man sich ja eigentlich nicht wundern, dass Uncle Sam mal sauer wird, vor allem, wenn er jeden Dollar selbst sehr gut gebrauchen kann.

«Und was kann ich da tun», fragte Hugentobler, «soll ich mal schnell zum Weißen Haus rüberglühen, Obama eine Toblerone und ein Schweizer Sackmesser überreichen und ihm sagen, er solle die EBS doch nicht wie einen Neger behandeln, bloß weil wir ein bisschen Schwarzgeld verstecken?»

Jetzt müsste er mich eigentlich rausschmeißen, dachte Hugentobler, aber der COO wischte sich nur mit seiner Hand durchs Gesicht, wobei er weitere grüne Markierungen hinterließ, und sagte: «Sie müssen unseren Finanzminister davon überzeugen, dass er in die USA fliegen muss, um das Schlimmste zu verhindern. Verstehen Sie, Hugentobler, wir stehen am Abgrund, wenn das nicht endlich aufhört, wäre das das Ende.» Das Ende der EBS, dachte Hugentobler, aber nicht meins. «Wir zählen auf Sie, Hugentobler, Sie haben doch bislang auch alle Verhandlungen in Bern effizient und erfolgreich durchgeführt, Sie haben doch einen Draht zum Finanzminister, das müssen Sie tun!» Ihr zählt auf mich, dachte Hugentobler, falsch, ihr zahlt mich, und zwar so, dass es wehtut.

«Nun», sagte er kühl, «kann ich machen. Läuft aber auch nicht unter Nachverhandlungen.» Der COO zog bereits den Bankcheck aus einer Schublade seines Kommandopults, als Hugentobler hinzufügte: «Nein, nein, es geht da ja auch um meine Existenz, wenn ich diesen Mist wegräumen soll, dann kostet euch das 10 Millionen.»

Der COO legte den Check weg, drückte auf einen Knopf seines Telefons und sagte: «Stellen Sie bitte einen Bankcheck über 10 Millionen aus, Sonderkonto Task Force, danke.»

In diesem Moment war sich Hugentobler sicher, dass die EBS wirklich am Arsch war.

Siebenundzwanzig

Hinderli hatte sich durch alle Schikanen geschlängelt, die der Internationale Flughafen von Almaty aufzubieten hatte, und stand in der Ankunftshalle. Seine aufkeimende Angst kämpfte er mit dem Gedanken nieder, dass der Fürscht doch auch hier seine schützende Hand über ihn halten würde, denn Gottvertrauen und Glaube in die Kraft des Fürstenhauses von Liechtenstein waren die beiden Grundpfeiler seines Lebens.

Krachend fiel eine schwere Pranke auf seine Schulter, und Hinderli machte einen Satz nach vorne. «Towarisch Indärli», sagte eine tiefe Stimme in einigermaßen verständlichem Russisch, «willkommen in Kasachstan, mein Name ist Josef, darf ich Ihr Gepäck nehmen?»

Hinderli hatte sich erschreckt umgedreht und erhaschte einen Blick auf den Hünen, der ihn nun an seine breite Brust drückte und ihm zwei schmatzende Küsse auf die Wangen schnalzte, wobei sein Bartschatten unangenehm kratzte. Hinderli löste sich aus der Umarmung, atmete den Geruch nach Wodka und Zwiebeln ein, der seinen Leibwächter umgab, und sagte: «Angenehm, Hinderli, Josef ist ein hübscher Name, wie Josef und Maria, nicht wahr.»

Der Hüne schüttelte sich vor Lachen, wobei ihm seine Kalaschnikow beinahe von der Schulter rutschte, «Josef wie Josef Dschugaschwili, wie Väterchen Stalin, mein lieber Freund.»

Hinderli zuckte zusammen und sagte: «Ah ja, aber sagen Sie mal, dürfen Sie denn hier im Flughafen eine Waffe tragen?»

Josef brüllte schon wieder vor Lachen und erwiderte: «Eine, wieso eine? Die AK-107 trägt leider unter dem Mantel zu sehr auf, außerdem ist da kein Platz mehr.» Und Josef öffnete mit feierlicher Geste seinen weiten Mantel, und mit großen Augen sah Hinderli links und rechts unter den Achseln von Josef zwei gewaltige Revolver. Und am Gürtel hatte Josef jede Menge Ersatzmunition befestigt. «Colt Anaconda .44 Magnum, made in the USA. Damit können Sie ein Kamel erschießen, das sich hinter einem Büffel versteckt, ich glaube, wir werden viel Spaß zusammen haben. Aber wir müssen uns hier nicht den Weg freischießen, keine Angst.»

Hinderli bemerkte, wie drei Polizisten in ihren blauen Uniformen mit den riesigen Schulterklappen der Szene gelangweilt zuschauten und dann einen vorbeieilenden Passagier anhielten, der ihnen zitternd seine Papiere entgegenstreckte.

Eine fremde Welt, dachte Hinderli, als er auf die geschwungene Auffahrt vor der Flughafenhalle hinaustrat, von der die blaue und weiße Farbe schon langsam abblätterte. Mitten im Parkverbot stand ein schwarzer Hummer, auf dessen Dach eine verchromte Scheinwerferbatterie glitzerte. Josef beförderte das Gepäck von Hinderli auf den Rücksitz und hielt ihm die Beifahrertüre auf. Hinderli kletterte in den Geländewagen und versuchte zuerst mit einer Hand, dann mit beiden Armen die Türe zuzukriegen. Schon wieder hörte er das dröhnende Gelächter von Josef, als der scheinbar anstrengungslos die Panzertüre ins Schloss warf. Dann kletterte der Kasache auf den Fahrersitz, befestigte die Kalaschnikow an der Halterung am Armaturenbrett und drückte auf die Lichthupe. Sofort eilte ein Polizist herbei, hielt den Verkehr an, und Josef schoss mit aufheulendem Motor die Rampe hinunter. Das Wageninnere füllte sich langsam mit dem Geruch nach Wodka und Zwiebeln, der Josef wie eine Hülle umgab. Hinderli tastete nach dem Scheibenheber, aber Josef sagte, während er mit der Lichthupe alle anderen Autos zur Seite scheuchte: «Drei Zentimeter Panzerglas, lieber Freund, viel zu schwer zum Bewegen. Sind nur 15 Kilometer bis zum Hotel, das schaffen wir in zehn Minuten.»

«Sollten wir nicht zuerst noch in meinem Büro vorbeischauen?», fragte Hinderli, während er sich krampfhaft am Haltegriff festhielt. Denn Josef fegte mit seiner Lichtorgel auf dem Dach alles beiseite, was nicht wie er 120 fuhr, und notfalls wich er auch auf den unbefestigten Seitenstreifen der Autobahn aus, die vom Flughafen in die Stadt führte. «Büro», lachte Josef, «aber Ihr Hotelzimmer ist Ihr Büro. Ich habe da auch eine kleine Überraschung für Sie.»

Hinderli hatte so eine Vorahnung, und als er sein sehr realsozialistisch eingerichtetes Zimmer im großartigen Hotel Astana International betrat, hing gerade über dem wackligen Tisch an der Wand der Jägersmann mitsamt erlegtem Hirsch.

Achtundzwanzig

«Muss denn das sein?», murmelte Wunderli, aber er wusste, dass er als Vize-CEO Investmentbanking bei der Kreditunion da durch musste. Kleines Hintergrundgespräch über die Kompensationsgestaltung im Jahr eins nach der Kernschmelze, also gut.

Das Gotthelf-Stübli im Widder wurde angemietet, kleine Runde Fingerfood, viel Mineralwasser und O-Saft, wenig Wein, keine

Hochglanzbroschüre mit Mission Statement und FAQ, bloß ein paar übrig gebliebene Exemplare des Jahresberichts über die unternehmerische Verantwortung der Kreditunion. Feine, aber deutliche Signale der neuen Bescheidenheit.

«Wir legen den Anlass dann auch auf den Freitag, 16 Uhr, Dresscode casual», sagte Wunderli zu seiner Assistentin. «Laden Sie nur die wichtigsten Journis ein, drei von der Sonntagspresse, natürlich ohne SonntagsBlick, dann die zwei, drei wichtigsten Wirtschaftsblätter, Tageszeitungen, und von der NZZ nur einen, die nimmt ja langsam wirklich keiner mehr ernst. Dann einen von der Deppenagentur, aber natürlich FT, Wall Street Journal, Economist – das wär's dann so etwa, vielleicht noch die FAZ.»

Mit guter Laune und ohne Krawatte spazierte Wunderli dann am Freitagnachmittag von einem Stehtischchen zum nächsten. Die Alkoholvorräte waren dermaßen schnell zur Neige gegangen, dass er dem Personal diskret Anweisung gab, für Nachschub zu sorgen.

«High-frequency Trading? Noch nie gehört», sagte Wunderli leichthin. «Ich muss Ihnen wohl nicht den Unterschied zwischen einem Trader und einem Investmentbanker erklären, nein? Wie bitte? Aber hören Sie doch mal mit diesen simplifizierenden Feindbildern auf, ich trage keine Hosenträger, nicht mal eine Krawatte, und ich heiße auch nicht Gordon Gekko. Nein, wir basteln keine Schrottpapiere, wie Sie gewisse Finanzderivate zu bezeichnen belieben, die richtig eingesetzt in der globalisierten Wirtschaft Finanzströme dorthin lenken können, wo sie gebraucht werden. Ob ich Ihnen ein Beispiel einer erfolgreichen Mega-Fusion in den letzten Jahren nennen kann? Schauen Sie, das würde doch wohl den Rahmen eines allgemeinen Hintergrundgesprächs sprengen, nicht wahr?»

Wunderli wechselte den Tisch und prostete mit seinem Glas Mineralwasser den drei Journalisten zu: «Die Frage musste ja kommen. Natürlich gab es vereinzelt Übertreibungen, ich würde da sogar das Wort Exzesse verwenden, aber würden Sie sich staatliche Eingriffe in die Lohnpolitik Ihres Verlages gefallen lassen? Denen würden die besten Leute weglaufen, und die Folgen sähe der Steuerzahler dann auch nicht gerne. Wie bitte? Die sollten es doch mal mit den Zweitbesten probieren, nach dem Fiasko, das die Besten angerichtet haben? Das ist mir nun doch zu niveaulos.»

Zum letzten Mal wechselte Wunderli den Tisch. «Ach, das ist aber originell. Ich dachte, wenigstens im Kreis der seriösen Wirtschaftspresse könnte man über die Zukunft sprechen, über Lösungsansätze, über die Lehren, die gerade wir Investmentbanker aus dem Tsunami gezogen haben, der über die Finanzmärkte hinweggetost ist. Leistung muss sich lohnen, dazu stehe ich, und wenn Sie wüssten, wie sorgfältig und unter Abwägung komplexer interagierender Faktoren der variable Lohnanteil bei uns bemessen wird, dann würden Sie das Wort Abzocker nicht mal bei einem Hintergrundgespräch in den Mund nehmen. Nein, dazu kann ich Ihnen keine Auskunft geben, aber Sie würden sich wundern, wie wenig ich selbst verdiene, da ich ja nicht operativ, sondern mehr strategisch und leitend tätig bin. Ich kann Ihnen aber versichern, dass ich keinesfalls neidisch darauf bin, dass diverse meiner Untergebenen an der Front das Vielfache von meinem Salär bekommen. Denn ich weiß im Gegensatz zu Ihnen auch, welche Leistungen dafür erbracht werden. Also jetzt verlassen wir aber endgültig die Realität, Drogenkonsum, Psychopharmaka, Upper und Downer, das kommt doch nur in schlechten Filmen vor, absurd. Darf ich Sie noch zu einer Runde Wein einladen, by the way?»

Das war ja grauenhaft, dachte Wunderli und gab dem Personal einen Wink, die wenigen verbliebenen Weinflaschen abzuräumen. Nachdem die geladene Wirtschaftspresse das Gotthelf-Stübli verlassen hatte, nahm Wunderli ein silbernes Döschen aus seiner Hosentasche, öffnete es, rollte eine Hundertdollarnote zu einem Röhrchen und zog sich eine Linie rein.

Neunundzwanzig

Networking, dachte Kuster, den Puls nehmen, Face Value, Präsenz markieren. Dafür eigneten sich natürlich nicht der Rotary, auch nicht die Zunft und Lion's oder Kiwanis erst recht nicht. Also machte er auf casual, Button-down-Hemd ohne Krawatte, Blazer, dunkelgraue Hose und als bewussten kleinen Fauxpas braune Loafer an den Füßen. So betrat er kurz vor sieben die Börsenbar. Die Zürcher Börse gab es zwar nicht mehr, aber diese Tränke war immer noch einer der Anlaufpunkte der Bahnhofstrassenbanker. Nicht die erste Liga, aber die ließ sich ja in letzter Zeit sowieso nur ungern in der Öffentlichkeit sehen, zu viel Sozialneid und Unverständnis für hart erarbeitete Boni. Aber auch nicht die Ebene der Büroschwengel, was man daran erkannte, dass hier ein Cüpli aus Champagner bestand und nicht aus Prosecco.

Der dunkel getäferte Raum war bereits wohlgefüllt, die Krawatten gelockert, und die ersten Investmentbanker ließen schon ihre grellen Hosenträger schnalzen, von denen sie sich einfach nicht trennen konnten. Kuster hörte das übliche Bankergequatsche, «mal schnell einen over the counter rübergeschoben, als die Kacke um zwei Punkte abschmierte, war ich noch long, das konnte ich aber einem Schlitzauge in Singapur reindrücken, der Markt wurde dann doch noch bullish». Kuster arbeitete sich an die Bar vor und bestellte ein Dömchen, um mal gleich ein Zeichen zu setzen.

Wie gewünscht erhielt er ein Glas mit dem unverkennbaren Wappenschild von Dom Pérignon drauf, das er wie eine Trophäe auf Brusthöhe hielt. Ein großes Hallo, als Kuster die ersten Ex-Kollegen der Kreditunion erblickte. Nach dem üblichen «Wie läuft's, super, Riesenchallenge, aber ist Fun, bei mir auch, Family Office ist großartig, habe bereits mehr Familienmitglieder als ein italienischer Clan», und ein Langweiler fügte hinzu: «Sehe schon deutliche Zeichen des Aufschwungs», fragte Kuster: «Und wie geht's wirklich so?»

Ein tiefes Schweigen antwortete ihm, vier Cüpli wurden an den Mund geführt, und auch Kuster nahm einen Schluck, wobei er darauf achtete, dass das Wappen deutlich zu sehen war.

«Eigentlich todverschissen», sagte der Mutigste, «jeden Monat zischen Milliarden von Kundengeldern ab», ein Zweiter fügte hinzu: «Ganz abgesehen davon, dass die verbliebenen Portefeuilles im Schnitt 30 Prozent weniger wert sind.»

«Mir hat heute der zehnte Kunde vorgejammert, dass doch alle Fondsmanager und andere Parasiten, wie er sich auszudrücken beliebte, noch nie den Markt geschlagen haben und eigentlich alle aktiv bewirtschafteten Fonds noch schlechter als die Börse abgeschnitten hätten, und wofür er da Gebühren bis zum Abwinken zahlen müsse.»

«Damit hat er ja leider recht», warf ein Frechdachs ein, und darauf wurden die Cüpli geleert. Kuster winkte nach einem Kellner und bestellte eine neue Runde für alle. «Unerträglich, das Ganze», sagte ein anderer nach einem weiteren Schluck, «in meiner Tiefgarage wurden schon zum dritten Mal die Reifen meines Porsche aufgeschlitzt, und irgend so ein Bankenhasser hat zudem mit seinem Schlüsselbund oder so die ganze Fahrerseite zerkratzt. Meine Vollkasko will mich beim nächsten Vorfall rausschmeißen, aber die brauche ich, denn die Karre ist natürlich nur geleast. Unvorstellbar.»

Erneutes tiefes Schweigen und einige tiefe Schlucke. «Aber es kommen doch Neueinlagen rein», fragte Kuster munter.

«Neuanlagen», schallte es ihm entgegen, «ja woher denn? Die Russkis können sich doch nur noch knapp eine einzige platinblonde Nutte leisten, die Inder rationieren den Curry, die Amis zeigen sich reihenweise selbst beim IRS an und sind pleite, in Dubai stehen alle Kräne still und die Ölscheichs verwenden den Teebeutel zweimal, selbst die Mafia stöhnt über schleppenden Geschäftsgang, und einen afrikanischen Diktator habe ich vor einem halben Jahr das letzte Mal gesehen.»

«Das ist mir eigentlich alles wurst», fügte der Frechdachs hinzu, «aber weniger Umsatz heißt weniger Bonus, Sparmaßnahmen, das große Rausschmeißen, Business gestrichen, Parkplatz gestrichen, Fringe Benefits gestrichen, Geburtstagssträuße für die Gattinnen von HNWI sollen wir im Großmarkt kaufen, Sprüngli-Truffe sind off limits, telefonieren nach Möglichkeit über Skype, selbst Kaffee und Mineral sind rationiert, unvorstellbar.»

Eine Stunde später wankte Kuster um 550 Franken und einige Illusionen ärmer aus der Bar.

Dreißig

Der Vize-CCO von Elmore, Little and Willis biss in seine Pizza Margherita und spülte das Stück mit einer Coke Zero runter. Schmeckt wie Pappkarton, der auf künstlichem Zuckerwasser runterrutscht, dachte er.

Doch plötzlich stach ihm ein unangenehmer Geruch in die Nase: Eine der beiden Pfeifen hatte doch tatsächlich ein Pizza con cozze bestellt, deren Knoblauchgestank nun den Sitzungsraum erfüllte. Prioritäten setzen, dachte der CCO: «Meine Herren, guten Appetit. Nebenbei, denken Sie doch bitte bei der nächsten Bestellung für einen Power Lunch daran, dass Knoblauch nicht unbedingt die Arbeitsatmosphäre verbessert.»

Die beiden Communication Assistants grinsten zustimmend, während sie in ihre geruchsneutralen Pizzen bissen, und der CCO setzte endlich Prioritäten: «Wir hatten anderthalb Stunden Zeit, ein hierarchisch geordnetes Profil des möglichen Imageschadens zu erstellen, der ELW im Zusammenhang mit den Unruhen auf den Finanzmärkten entstehen könnte. Darauf aufbauend entwickeln wir kommunikative Lösungsvorschläge, unser CEO zählt auf uns. Darf ich also um erste Wortmeldungen bitten?»

Leise Kau- und Schluckgeräusche erfüllten den Raum, dann ein unterdrückter Rülpser, denn eine der beiden Pfeifen hatte von stillem Wasser auf kohlesäurehaltiges umgestellt. Die beiden Assistenten belauerten sich, bis der eine den Fehler machte, in einen neuen Schnitz Pizza reinzubeißen. «Ich habe zunächst den größten denkbaren Imageschaden definiert», sagte da der andere, nachdem er seine Zunge aus der Backe geschoben hatte; mit diesem Trick hatte er seinen Konkurrenten um die Stelle des ersten Assistenten ausgebremst. «Der besteht darin, dass man uns als Mitverursacher der Krise sehen könnte, während doch in Wirklichkeit die Banken daran schuld sind.»

Der andere Assistent hatte inzwischen runtergeschluckt und warf sich in den Kampf: «Also das ist so falsch, da ist ja nicht mal das Gegenteil richtig. Diese unvorhersehbaren Marktverwerfungen können doch gar nicht in Kriterien wie Schuld oder Versagen gemessen werden. Ich bin da von einem proaktiven Lösungsansatz ausgegangen. Wer einen Imageschaden befürchtet, sollte sich ja nicht defensiv verhalten, sondern mit positiven Botschaften sein Image stärken.» Der andere Assistent gab diesen Kampf verloren und biss seinerseits in die Pizza.

«Sehr gut», sagte der CCO, «das würde also bedeuten, dass wir hier gar nicht unsere Zeit mit der Definition möglicher Imageschäden verschwenden sollten, sondern die Lösungsstrategie besteht darin, unsere Core Values ins Scheinwerferlicht zu stellen.» Das spart uns gleichzeitig auch einen hübschen Haufen Arbeit, dachte der Vize-CCO, während er seinen leeren Computerbildschirm betrachtete: «Nachdem ich selbst auch in den letzten 90 Minuten eine Liste der etwa zwanzig wichtigsten Schadensfälle aus einem Katalog von ungefähr», er tat einen Moment so, als ob er eine Excel-Tabelle herunterscrollen würde, «na, rund siebzig herausgeschält habe, kam ich auch zum Schluss, dass man da nicht defensiv reagieren, sondern proaktiv agieren muss.»

Beide Assistenten stimmten begeistert zu, und auch die beiden Pfeifen machten zustimmende Kaubewegungen. Wenn man ein Problem nur richtig analysiert, kommt man doch eigentlich automatisch auf den Lösungsansatz, dachte der Vize-CCO befriedigt. Vor allem, weil hier im Raum offenbar niemand etwas zum Thema eingefallen ist, welche möglichen Imageschäden uns denn drohen könnten. Jetzt zeige ich den Jungs mal, was ein begabter Kommunikator so alles aus dem Ärmel schütteln kann. Während er weiterhin so tat, als läse er das alles von seinem Bildschirm ab, legte er los: «Tax, Audit und Advisory, das tun wir. Korrekt, kundenorientiert und kompetent, das sind wir. So verwandeln wir Wissen in Wert, schaffen Vertrauen durch Transparenz, ermöglichen eine gesamtheitliche Corporate Governance, zum Nutzen unserer Kunden und der Kapitalmärkte. Wir versorgen die Entscheidungsträger mit den nötigen Analysen, wir sind Dienstleister, Diagnostiker, Schiedsrichter, die die Einhaltung der Regeln überwachen.» Na, das soll mir mal einer nachmachen, dachte der Vize-CCO zufrieden, stand auf und gönnte sich darauf eine echte Coke.

Aber der erste Assistent hatte die Niederlage nach seinem Frühstart noch nicht ganz verwunden und redete sich nun um Kopf und Kragen: «Das ist eine beeindruckend knappe Definition unserer Core Values», der Vize-CCO nickte wohlwollend, «aber die transportieren wir doch jetzt schon in unserer gesamten Unternehmenskommunikation nach außen.» Der Vize-CCO hörte auf zu nicken. «Ich sehe da noch nicht ganz, wie wir damit proaktiv nasty questions, Kritiken, Schuldzuweisungen und der Infragestellung unserer Tätigkeit begegnen sollen.»

«Mal abgesehen davon, dass wir solche Dinge in einem FAQ abhandeln können», erwiderte der Vize-CCO nicht ohne Schärfe, «hätten Sie da mal ein Beispiel einer nasty question?»

Aber der Assistent wollte wenigstens mit fliegenden Fahnen untergehen: «Nun, wir machen ja beispielsweise Tax, Advisory und Audit für die EBS. Da könnte doch die Frage gestellt werden, wieso wir Quartal für Quartal Bilanzen testiert haben, die anschließend Makulatur waren. Wieso wir keine steuerlichen Probleme bei Kunden der EBS analysierten. Und wieso Advisory immer den Stempel draufhaute, wenn die EBS mal wieder ankündigte, dass das Schlimmste überstanden sei und die Aussichten für das nächste Quartal durchaus rosig und vielversprechend seien.»

«Weil wir nur die Richtigkeit der Bilanz aufgrund der uns vorliegenden Unterlagen testieren», erwiderte der Vize-CCO gefährlich leise, «weil wir die EBS steuerlich beraten und nicht ihre Kunden. Und weil wir keine unternehmerischen und auf die Zukunft gerichteten Prognosen abgeben, sondern nur überprüfen, ob sie aufgrund der uns vorliegenden Unterlagen im Rahmen der best practice so gemacht werden können. Aber ich glaube nicht, dass wir hier eine Grundsatzdebatte führen sollten, das bringt uns ja nicht weiter. Nebenbei bemerkt konstatiere ich hier bei Ihnen doch gewisse Lücken im Verständnis unserer Daseinsberechtigung. Das würde nun eher zur Frage führen, ob Sie nicht ein Problem mit der Tätigkeit von

ELW haben, was zur Frage führt, ob ELW nicht ein Problem mit Ihrer Mitarbeit hat.»

«Dieses Problem ist lösbar», sagte der Assistent mutig, klappte seine Pizzaschachtel zu, stand auf und verließ den Raum.

«Ein unheimlich schwacher Abgang», sagte der Vize-CCO kühl in das lastende Schweigen hinein, «der uns aber nicht von der Umsetzung meines Lösungsvorschlags abhalten sollte.»

Ist gar nicht deiner, dachte der überlebende Assistent, aber er wusste, wann man den Mund halten sollte.

Einunddreißig

«Das wird ja langsam zur, darf ich sagen unangenehmen Gewohnheit», eröffnete der Bundesminister das Gespräch und blickte wieder auf das Akkreditierungsschreiben, «Herr Hugentobler. Ich nehme nicht an, dass Sie mir eine Dankesadresse der EBS überbringen wollen?»

Hugentobler dachte, also meinen Namen könnte er sich ja langsam merken. Leicht beschwingt durch ein, zwei Glas vom Grappa Berta, die er sich unterwegs nach Bern in der gepanzerten Direktionslimousine gegönnt hatte, erwiderte er: «Halten Sie bitte Ihre Brille fest, denn ich habe leider mal wieder bad news.»

Aber diesmal ließ der Bundeszwerg nicht nur seine Brille fallen, sondern sprang mit überraschender Gelenkigkeit auf seinen Stuhl und lief rot an: «Wir haben Ihre Bank mit der größten Finanzspritze aller Zeiten gerettet. Wir haben Ihrer Bank geholfen, das Schweizer Bankgeheimnis zu knacken und den Amerikanern freiwillig Kundendaten ausgeliefert. Wir haben mit Kriegsnotrecht operiert und alle Rotlichter überfahren, die es in der Schweiz überhaupt gibt. Wir haben zugeschaut, wie sich Ihre Bankspitze nochmals ein paar Milliarden Boni abgegriffen hat, obwohl sie mehrfach die Bank gegen die Wand gefahren hat. Und wir haben jedes Mal zu hören gekriegt, dass nun keine weiteren Leichen mehr im Keller liegen. Wir haben zu hören gekriegt, dass wir Politiker uns aus Bankgeschäften raushalten sollen, das käme dann schon recht», brüllte er.

Beeindruckt betrachtete Hugentobler den Balanceakt seines Landesvaters und dachte: Wenn ich das jemandem erzähle, glaubt mir das kein Mensch.

Der Bundesminister kletterte wieder vom Stuhl, aber nur, damit er jetzt auf seinen Tisch schlagen konnte, während er japste: «Wir mussten uns als Bankenbüttel beschimpfen lassen», bum, ein dumpfer Schlag, der die Schreibgarnitur, das Telefon und sogar ein paar Aktenberge auf der Tischplatte leicht hüpfen ließ, «wir mussten uns als Totengräber des Schweizer Bundeshaushalts beschimpfen lassen», bum, «als Helfershelfer durchgedrehter und gieriger Bonibanker», bum, «als unfähig, inkompetent, kurzsichtig.» Bei diesem Stichwort tauchte der Bundeszwerg kurz unter seinem Schreibtisch weg, während sein persönlicher Assistent der Vorstellung mit offenem Mund zuschaute. Mit der Brille in der Hand kam der Magistrat wieder zum Vorschein: «Und wissen Sie was, Herr, äh, Herr ...»

«Hugentobler», sagte Hugentobler hilfreich, «Herr Hugentobler, wissen Sie was? Ich glaube langsam, diese Kritiker haben völlig recht. Aber ich sage Ihnen eins, Sie Herr von der EBS, diesmal nicht mit mir, mit mir nicht. Ab jetzt wird hier regiert, nicht mehr reagiert.»

Erschöpft ließ sich der Bundeszwerg in seinen Schreibtischsessel fallen. Sein persönlicher Assistent klappte den Mund wieder zu, besorgte schnell ein Glas Wasser und öffnete fürsorglich ein Pillendöschen. Schwer atmend nahm der Bundesminister das angebotene Glas Wasser, schluckte zwei Pillen und rutschte bewusstlos aus seinem Stuhl auf den Boden. «Ach herrje», sagte der Assistent und fühlte hilflos den Puls seines Herrn und Meisters. Dann drückte er auf einen Knopf unter dem Schreibtisch. So einen Knopf kenne ich, dachte Hugentobler, jetzt muss es schnell gehen: «Dafür kriegen Sie dann sicher einen Extrabonus», sagte Hugentobler zum Assistenten, «sauber die Notbremse gezogen.» Der starrte ihn ungläubig und erschreckt an, als zwei lächerlich angezogene Bundesweibel zur Türe hereinstürzten.

Zwei Stunden später erholte sich der Bundesminister bereits in einer Spezialklinik von seinem Herzkasperl, während Hugentobler seinem COO gegenübersaß. Der hatte inzwischen die grünen Spuren aus seinem Gesicht getilgt, die Haare einigermaßen ordentlich über die kahlen Stellen drapiert und schaute ihn durch seine schwarze Hornbrille aus immer noch blutunterlaufenen Augen kalt an: «Ich habe Sie offenbar überschätzt, Hugentobler, da haben Sie ja eine Katastrophe angerichtet. Ihr Status als Sonderbeauftragter ist per sofort terminiert, Sie sind fristlos freigestellt. Ich erinnere Sie allerdings an Ihre Schweigepflicht. Ach, und den Bankcheck wollen Sie bitte hierlassen, ich habe ihn sowieso gesperrt.»

«Das geht bei einem Bankcheck», wunderte sich Hugentobler, «okay, es gibt ja kaum etwas, was wir Banker nicht können. Aber ich muss Sie korrigieren, Sie haben mich nicht überschätzt, sondern unterschätzt. Wenn Sie nicht wollen, dass hier das Dach wegfliegt, dann vergessen wir ganz schnell, was Sie da gerade gesagt haben. Denn wir wollen doch beide nicht, dass es sich herumspricht, dass die EBS mit zwei Pillen für den Notfall ein Mitglied unserer Regierung außer Gefecht gesetzt hat, oder?»

Hugentobler genoss für einen Moment das eisige Schweigen, das die Raumtemperatur spürbar absenkte, dann fuhr er fort: «Ich mache weiter, einen zweiten Versuch beim Stellvertreter des Bundeszwergs haben wir ja noch. Die 10 Millionen kriege ich jetzt in bar, keine fortlaufenden Seriennummern, keine Tricks, keine Pillen. Und übrigens, falls ich mich aus Verzweiflung aus dem Fenster stürzen sollte oder überfahren werde, inklusive Fahrerflucht: Wenn ich nicht pünktlich alle 24 Stunden eine bestimmte Telefonnummer anrufe und Entwarnung gebe, dann fliegt hier wirklich das Dach weg. Ich hoffe, ich habe mich klar genug ausgedrückt.»

Hatte er, denn eine Viertelstunde später rollte Hugentobler einen voluminösen Aktenkoffer aus dem Büro seines COO. Hätte nicht gedacht, dass 10 Millionen in verschiedenen Stückelungen so ein Gewicht haben, stöhnte er.

Zweiunddreißig

Der erste Arbeitstag in seiner neuen Position als Vize Executive Junior Director Private Banking zeigte noch einen gewissen Optimierungsbedarf in der Performance, räumte Ignaz Benz selbstkritisch ein. Drei Lockrufe an Kunden, drei Nieten gezogen.

Besonders unangenehm war der letzte gewesen, ein gewisser Stadler aus Nidwalden. Nach den ersten zwei Niederlagen hatte Benz das Dossier aufmerksam studiert und dachte eigentlich, auf alles vorbereitet zu sein. «Hier ist Benz von der Kreditunion», hatte er in den Hörer geflötet, «guten Morgen nach Nidwalden. Ich habe die Ehre und das Vergnügen, Ihr Portefeuille ...»

«Nix da Nidwalden», hatte eine verschlafene Stimme geantwortet, «ich bin in New York, und es ist verdammt noch mal fünf Uhr morgens.»

Benz hatte verdattert nachgecheckt, er hatte die Festnetznummer gewählt, wurde offenbar aufs Handy weitergeleitet. «Oh, dann guten frühen Morgen, Herr Stadler, wenn ich ungelegen komme, dann ...»

«Nö, jetzt bin ich eh schon wach, also bringen wir es hinter uns. Herr Kuster hatte mich vor seinem Abgang noch darüber informiert, dass die Kreditunion sicherlich Hand zu einer einvernehmlichen Lösung biete, was die zwei Mio betrifft, die Ihre Anlagegenies in Lowman-Schrottpapieren versenkten. Also, was haben Sie in der Hand?»

Der lässt ja nichts anbrennen, hatte Benz gedacht, aber diesmal war er vorbereitet: «Nun, Sie haben ja unsere Broschüre über Risiken im Effektenhandel bekommen, Herr Stadler, darin wurden Sie ja ausführlich darüber aufgeklärt, dass ...»

«Hören Sie doch mit diesem Quatsch auf», hatte Stadler zurückgebellt, «ich hatte einen Vermögensverwaltungsauftrag erteilt, Anlageprofil risikoarm. Die einzige Frage, die Sie mir beantworten müssen, ist: Wann bekomme ich die zwei Mio ersetzt?»

«Nun, Herr Stadler, ich hätte da einen sehr interessanten Vorschlag. Wir kaufen Ihnen die Lowman-Papiere ab. Ohne Anerkennung jeglicher rechtlichen Verpflichtung würden wir Ihnen ein Angebot in der Höhe von 25 Prozent des Nominalwerts machen. Angesichts der Tatsache, dass die Liquidation von Lowman ja noch eine Weile ...»

«Sagen Sie mal, führen Sie bei Ihrer Blödbank eigentlich keine Kundendossiers?», hatte ihn Stadler unterbrochen, «die Nummer hat Kuster auch schon probiert, allerdings mit 30 Prozent. Und als ich mit dem Anwalt winkte, sagte er, dass er noch mal auf mich zukomme.»

Sandra Muggli, die den Anruf nicht nur aufzeichnete, sondern auch mithörte, hielt sich die Hand vor den Mund, um nicht loszuprusten. Benz hatte hektisch im Kundenfile von Stadler rumgeklickt und keine entsprechende Gesprächsnotiz gefunden. Kuster, diese Schweinebacke, hatte er erbittert gedacht: «Ich kläre das intern ab und melde mich demnächst wieder bei Ihnen, Herr Stadler, wir werden da sicherlich eine Lösung finden, die ...»

«Okay», hatte ihn Stadler wieder unterbrochen, «aber rufen Sie dann zu einer zivilisierten Zeit an.» Klick.

Lunch time, hatte Benz erleichtert gedacht, die nächste Challenge ist ja easy. Als Vorbereitung hatte er noch kurz an seinem Daumennagel geknabbert, dann betrat er mit dem Siegerlächeln eines Extrembergsteigers sein Vorzimmer. Sandra schaute ihn erwartungsvoll an:

«Und wie sind die Gespräche gelaufen, Ignaz», fragte sie scheinheilig, «haben Sie die Gipfel gestürmt?»

«Piece of cake», sagte er, «Bürgisser kann relaxt bleiben, habe alles unter Kontrolle.»

Sandra knipste wieder ihr strahlendes Lächeln an, womit sie keine Mühe hatte, etwas schwieriger war es schon, eine Spur Bewunderung hineinzumischen. Frauen fliegen auf Winnertypen, das war schon immer so, dachte Ignaz, das umgibt einen wie ein Parfum. Wie der die Nüstern bläht, um mein Eau de Toilette reinzusaugen, dachte Sandra, fehlt nur noch, dass er zu hecheln beginnt.

Aber stattdessen leckte sich Ignaz die Lippen und sagte: «Darf ich Sie zu einem kleinen Power Lunch einladen, das haben wir uns wirklich verdient. Ich kenne da einen netten Italiener gleich um die Ecke.»

Igitt, dachte Sandra, alles, nur das nicht. «Führen Sie mich nicht in Versuchung», sagte sie, «aber ich muss auf meine Linie achten, deshalb nehme ich über Mittag nur einen kleinen Weight-Watcher-Salat.» Dabei fuhr sie sich mit den Händen an ihrer Taille entlang und verschränkte sie dann unter der Tischplatte in ihrem Schoss.

Ignaz schluckte trocken und fuhr sich aufgeregt mit seinen Wurstfingern durch seinen Bürstenschnitt. Da wo meine Hände sind, möchtest du deine auch haben, dachte Sandra, vielleicht sollte ich sicherheitshalber den Pfefferspray zur Hand nehmen.

Ist das ein scharfes Biest, dachte Ignaz, eine eindeutigere Einladung kann es ja kaum geben, also als Winnertyp müsste ich dich jetzt gleich auf den Schreibtisch legen, und dann als Extrembergsteiger, also was mache ich? Wenn der noch einen Schritt näher kommt, drücke ich auf die Alarmtaste, dachte Sandra und blickte unwillkürlich auf ihre weiße Bluse, weil sie befürchtete, dass die schmutzigen Gedanken von Ignaz darauf Spuren hinterlassen hatten.

Und jetzt schaut sie auch noch provozierend auf ihre Möpse, dachte Ignaz, also Zeit für den Action-Man, die lasse ich jetzt mal einen Gipfel stürmen. Sturmangriff, hechelte er unhörbar und nestelte an seinem Hosenschlitz. Da klingelte das Telefon, Sandra ließ den Pfefferspray in ihre Jackentasche zurückgleiten und nahm ab. «CEO Bürgisser möchte Sie sprechen, Ignaz, asap.»

Dreiunddreißig

Jetzt weiß ich endlich, wieso Investmentbanker immer Hosenträger tragen, dachte Peter Kuhn, hakte die Daumen darunter, spannte die beiden Bänder so weit wie möglich an und ließ sie los. Aber der Doppelschlag auf seinen Brustkorb machte ihn auch nicht wacher, also warf er noch mal ein Modafinil ein. Verdammt, dachte er, schon wieder den Exitmoment verpasst, High-frequency-Trading ist wirklich nur was für ausgeschlafene Banker. In den letzten 48 Stunden hatte er nur vier Stunden gepennt, denn neben dem mageren Tagessalär von 500 Franken verdiente er an seinem Umsatz, und im fensterlosen Handelsraum der Kreditunion brannten die Lichter 24 Stunden am Tag, keine Arbeitszeitbeschränkung hinderte Trader wie Kuhn daran, ohne Unterbrechung zu zocken.

Kuhn sprang zweimal im richtigen Moment auf und wieder ab, dann setzte er einen weiteren Deal in den Sand. Plötzlich wurde die Bildschirmbatterie vor ihm dunkel, und genau vor seiner Nase poppte ein neues Fenster auf: «Game over».

Sehr komisch, dachte Kuhn, was soll denn das? Weniger komisch fand er es, als links und rechts neben ihm zwei stämmige Herren auftauchten, einer nahm ihm fürsorglich die Headphones ab, der andere steckte das Döschen mit Modafinil ein. Freundlich aber bestimmt steuerten sie ihn zum Glaskasten in der Ecke des Raumes, in dem Felix saß, sein alter Kumpel, der ihn erst vor 48 Stunden mehr oder weniger von der Straße aufgelesen hatte. Felix bot ihm nicht mal einen Platz an, sondern kam gleich zur Sache: «Sorry, Dieter, aber du bist der Challenge offenbar nicht gewachsen. Mit dem letzten verpatzten Deal hast du die Rentabilitätsschwelle deutlich unterschritten, und das ist ja nicht der Sinn der Sache. No hard feelings, wir überweisen dir zwei Tagesansätze und wünschen viel Glück auf dem weiteren Lebensweg.»

«Aber Felix», stotterte Kuhn, «ich bin doch bloß noch nicht ganz drin und hatte einfach Pech, drücken wir auf den Reset-Knopf, und ich lege noch mal los.»

Aber Felix hatte gar nicht zugehört, sondern aufmerksam seine eigene Bildschirmbatterie betrachtet, nun gab er den zwei stämmigen Herren einen Wink, und die hoben Kuhn an den Ellbogen leicht vom Fußboden ab und trugen ihn raus.

Als sich die Panzerglastüre vor dem Maschinenraum der Kreditunion auf dem Uetliberg hinter Kuhn mit leisem Surren schloss, bemühte er sich, Haltung zu bewahren. Dann nahm er seine Hosenträger ab und warf sie in den Papierkorb unter dem Aschenbecher neben der Eingangstüre.

«Was für ein Weichei», murmelte ein vorbeieilender Master of the Universe, der ihn dabei beobachtet hatte, und Kuhn zuckte zusammen. Er griff nach dem Bund seiner langsam nach unten rutschenden Hosen und schleppte sich wie ein geprügelter Hund nach Hause. Von jetzt an kann es ja nur noch aufwärts gehen, dachte er.

Das dachte er einen Monat später immer noch, als 153 Bewerbungsschreiben, ein Inserat in der NZZ und die Kontaktierung von sämtlichen auf dem Platz Zürich, Frankfurt und London tätigen Headhunters nichts gebracht hatten.

Das dachte er weitere drei Monate später immer noch, als er den Schlafsack in seiner Wohnung zusammenrollte. Die geleasten Möbel waren ebenso wie das geleaste Auto schon längst abtransportiert worden, und für morgen hatte der Vermieter die Zwangsräumung angesetzt. Die Arbeitslosenversicherung hatte ihn mit drei Strafmonaten belegt, weil er den kleinen Nebenverdienst von 1000 Franken bei der Kreditunion nicht gemeldet hatte. Mehrere Verkäufer in Boutiquen und Second-Hand-Läden hatten ihn ausgelacht, als er seine Sammlung von D&G-Krawatten, Boss-Anzügen und Van-Laack-Hemden angedient hatte. Die Omega, die er sich selbst zum MBA an der Hochschule St. Gallen geschenkt hatte, und die Corum Admiral, mit der er sich zu seiner ersten Stelle bei der Kreditunion gratuliert hatte, brachten zusammen in der Pfandleihe auch nicht mehr als enttäuschende 3000 Franken. Kuhns Studium der Volkswirtschaft und der Finanzmärkte hatte ihn nicht darauf vorbereitet, dass der Weg nach unten dermaßen steil sein konnte, eigentlich mehr ein freier Fall.

Vierunddreißig

«Das ist eine gute Frage», sagte Max Fischer, «das kommt darauf an, wie schnell und in welcher Form Sie Ihr Kapital aus den USA transferieren wollen. Darf ich Ihnen übrigens etwas zu trinken anbieten?»

Joe Smith bestellte eine Coke, Fischer telefonierte mit dem Room Service des Astoria, und fünf Minuten später servierte ein livrierter Boy zwei eiskalte Coca-Cola auf den Besprechungstisch seiner Suite. Fix sind die ja in New Yorker Hotels, dachte Fischer, teuer auch, fügte er hinzu, als er den Roomcheck über 20 Dollar unterzeichnete und fünf Dollar Trinkgeld drauflegte.

«Darf ich Ihnen dazu eine Schweizer Spezialität anbieten», führte Fischer das Kundengespräch fort und überreichte Joe eine Toblerone.

Der nickte erfreut und sagte: «Da habe ich schon von gehört, soll ja das Matterhorn darstellen, nicht wahr?»

Keine Ahnung, dachte Fischer, nickte aber zustimmend. Na, dann wollen wir mal zur Sache kommen: «Also, 38 Millionen Dollar, da ist natürlich eine Banküberweisung ausgeschlossen, wie Sie sicher wissen, überwachen die NSA und das IRS alle solche Bewegungen, und wir wollen hier ja nicht die Aufmerksamkeit von Uncle Sam erregen, nicht wahr. Ich nehme nicht an, dass Sie diesen Betrag in Cash hätten?»

Joe schüttelte entsetzt den Kopf, «the hell no», sagte er.

«Dachte ich mir», führte Fischer das Gespräch, wie ein Ami Schwarzgeld sicher bei der Schweizer Kreditunion parken konnte, fort. «Nun, da haben wir eine praktische Schweizer Erfindung.» Fischer legte eines der Schweizer Taschenmesser auf den Tisch, die er sich für seine Kundengespräche besorgt hatte.

Joe bekam große Augen: «Da habe ich auch schon von gehört, ein Swiss Army Knife, nicht wahr? Damit habt ihr schon Hitler abgewehrt. Okay, aber wie soll ich darin 38 Millionen verstecken?»

Fischer lächelte überlegen, diesen Knaller hatte er schon mehrfach gezündet, das kam immer gut. «Nicht darin, damit. Einen Moment bitte.» Er stand auf, ging ins Badezimmer und kam mit einer Zahnpastatube zurück: «Also», sagte Fischer wie ein Zauberkünstler, während ihn Joe fasziniert anstarrte, «Sie öffnen die Zahnpastatube, drücken etwas von ihrem Inhalt heraus, aber nicht zu viel. Dann öffnen Sie das Taschenmesser, und zwar nehmen Sie diese Ahle, und mit der führen Sie dann Diamanten im Wert von 38 Millionen in die Tube ein. Deckel drauf, und 10 Stunden später wird das Geld Ihrem neuen Konto bei uns in Zürich gutgeschrieben. So lange dauert nämlich mein Rückflug.» Joe war sichtlich beeindruckt, aber Fischer hatte natürlich noch einen Schlussgag auf Lager: «Außer natürlich, ich putze mir unterwegs zu häufig die Zähne.»

Joe schlug vor Begeisterung auf den Tisch und prustete los. Fischer stimmte routiniert in sein Gelächter ein. «Das ist fucking great», sagte Joe, «Toblerone, Swiss Army Knife und Schweizer Banker, dazu noch eine Tube Zahnpasta, I can't believe it», und dann lachte er weiter aus vollem Hals. Fischer nickte geschmeichelt, war wieder ein voller Erfolg, dachte er. Joe wischte sich die Lachtränen aus den Augen und japste: «This was a great joke, really, Mr Fisher. Aber ich habe auch einen auf Lager, wollen Sie den hören?»

«Natürlich», sagte Fischer, «schießen Sie los, nennen Sie mich übrigens Max.»

«Also, Max», sagte Joe und stand auf, nahm das Taschenmesser vom Tisch und trat hinter den Schweizer Banker. «Nennen Sie mich Joe. Für meinen Joke müssen Sie aber aufstehen, das gehört dazu.»

Folgsam erhob sich Max aus seinem Sessel, dann spürte er plötzlich, wie seine Arme mit einem eisernen Griff nach hinten gebogen wurden, und mit einem scharfen Geräusch schnappten Handschellen ein.

«Ich bin mir nicht sicher, ob das komisch ist», stammelte Max.

«Oh nein», gluckste Joe, «das ist ein sogenannter killing joke, Max, Sie sind verhaftet. Sie dürfen aber weiter Joe zu mir sagen, das ist sowieso nicht mein richtiger Name.»

«Verhaftet?», sagte Max fassungslos, «aber warum denn? Ich habe doch nichts getan.» Dann fasste er sich ein wenig: «Ich bin Schweizer Staatsbürger, ich will sofort mit meiner Botschaft sprechen.»

«Sie sprechen mit überhaupt niemandem, außer mit uns», sagte Joe von der Türe aus, die er für zwei stämmige Burschen in dunklen Anzügen mit kleinen Hörern im Ohr, die mit einem Spiraldraht verbunden waren, geöffnet hatte.

Das ist ja wie in einem schlechten Film, dachte Max, denn dunkle Sonnenbrillen hatten die auch an. Aber das brachte ihn auf eine Idee: «Ich habe das Recht, ein Telefonat zu führen, ich will sofort telefonieren.»

Joe lachte schon wieder: «Wir sind hier nicht bei den Dreharbeiten zu NYPD Blue, Sie sind unter dem Patriot Act verhaftet, als mögliche Gefährdung der Sicherheit der Vereinigten Staaten von Amerika, und das heißt, dass Ihr Arsch mir gehört. Wenn wir wollen, können wir Sie in einer Zelle verfaulen lassen, bis man nicht mal mehr ein Taschenmesser braucht, um Ihre Knochen blankzuschaben, got it?»

Max versuchte krampfhaft, aus diesem Alptraum aufzuwachen. Er biss sich so fest auf die Unterlippe, bis er den Schmerz fast nicht mehr aushielt. Aber er wachte nicht auf.

Fünfunddreißig

«Wir müssen reden», sagte Frank C. Künzli zu seiner Frau. Auch das noch, dachte sie, kann man nicht mal in Ruhe auf unserer Terrasse ein Foie gras genießen und dazu einen anständigen Château Yquem, der ist wenigstens angenehm süß. Ganz im Gegensatz zu meinem Gatten, nickte Frau Künzli. Er nahm das als Zustimmung und sagte: «Wie du vielleicht gemerkt hast, laufen die Geschäfte im Moment nicht mehr so gut.»

Und ob ich das gemerkt habe, dachte Frau Künzli, alleine diese Woche musste ich schon zweimal dem Yoga-Lehrer, einmal Pedicure und sogar einen Shopping-Termin mit Irene absagen, obwohl sie extra für mich bei Quatre Poires ein paar hübsche Sachen von Gaultier auf die Seite gelegt hatte. Stattdessen musste ich mir jeden Abend dein Gejammer anhören, keine Neukunden, Massaker in den Anlagen der bestehenden Kunden, die Deutschen haben Schaum vor dem Mund wegen Steinbrück, und bei den Amis nützt dir nichts, dass du dich von Franz in Frank C. umbenannt hast, die haben so einen Bammel, dass sie nicht mal Anrufe von dir entgegennehmen.

Und vor allem keine Einladungen mehr, keine VIP-Events, keine reservierte Loge im Fußballstadion mehr, kein «Schatz, wird heute Abend etwas spät, wichtiger Kunde» mehr. Sie goss sich noch einen Schluck des Sauternes ein und arrangierte ihre Haare. Den Coiffeurtermin bei Pierre sage ich aber morgen nicht ab, dachte sie finster entschlossen. «Worüber denn, mein Schatz», sagte sie dann so zuckersüß wie der Schluck Weißwein, mit dem sie sich gestärkt hatte.

Künzli betrachtete missmutig das Maisbrot auf seinem Teller, schon wieder leicht angekokelt, das portugiesische Hausmädchen muss ich mal runterbürsten. Ist fett, phlegmatisch und kann nicht mal eine Maisbrotscheibe toasten. Auf den ersten beiden Eigenschaften hatte seine Frau bestanden, gegen die letzte konnte er aber was unternehmen.

Er schob den Teller zurück und überlegte sich, ob er sich einen Schluck von diesem fantastischen Rum aus Venezuela, einen Pampero Riserva Exclusiva im schmucken Ledersäckchen, gönnen sollte, den er Besuchern nicht mehr anzubieten traute, seit dieser Irre Chávez dort am Gerät war. Später, entschied Künzli, das braucht jetzt etwas Konzentration: «Wir sollten vielleicht unsere Ausgabenstruktur etwas optimieren», begann er.

«Kannst du nicht das Bankergerede mal lassen und dich so ausdrücken, dass dich ein normaler Mensch auch versteht?»

Du und normal, dachte Künzli, ohne die ständigen Anstrengungen von Dr. Märki und den modernsten Erzeugnissen unserer großartigen Psychopharmaindustrie säßest du nicht mal hier am Tisch, sondern wärst wieder in der Klinik am See, so wie letztes Jahr, bevor ich dir diese Schmuckboutique gleich hinter dem Paradeplatz gemietet habe. «Ich drücke mich sehr verständlich aus», sagte Künzli beleidigt, «aber um es für dich in einfache Worte zu fassen: Wir sollten weniger Geld ausgeben.»

«Wir?», fragte sie spitz, «heißt das wir oder ich? Also bei mir kann man nicht viel einsparen, ich habe nicht zwei Weinkeller, einen Porsche, ein Segelboot, einen Personal Trainer, eine Uhrensammlung von Breguet bis Omega, drei Krokodillederaktentaschen, einen …»

Jetzt reicht's, dachte Künzli und stand auf, um sich aus einem seiner beiden Weinkeller den Rum zu holen.

«Ich dachte, du wolltest mit mir reden», begrüßte ihn seine Gattin, als er sich setzte und einen Doppelten einschenkte, wobei er das Ledersäckchen und seine Krawatte bekleckerte. «Ach, und deine Krawattensammlung habe ich ganz vergessen», fuhr sie fort, «da sähe ich auch Optimierungsbedarf, um es so auszudrücken, dass auch du es verstehst.»

Wie habe ich es nur so lange mit der ausgehalten, dachte Künzli bitter, aber eine Scheidung kam ja für einen seriösen Private Banker nicht in Frage. «Ich habe bereits die Order für den Aston Martin DB9 gecancelt, obwohl du weißt, wie sehr ich mich darauf gefreut hatte und wie hart ich dafür gearbeitet habe.»

Hart gearbeitet, dachte seine Gattin, bloß weil ein Russe im Vollsuff einer Totalumstrukturierung seines Depots zugestimmt hat, an der du dir eine goldene Nase verdientest, wie du triumphierend erzählt hast, nachdem du aus deinem Rausch wieder aufgetaucht warst. «Also gut», sagte sie, «was kann man bei mir groß sparen? Mein Yoga-Lehrer kostet 200 Franken die Sitzung, Pedicure und Coiffeur zusammen 600 im Monat, da hätten wir dann schon 1000 Franken gespart, großartig. Ich kann mir ja auch die Haare selber waschen und mir die Nägel schneiden, kein Problem, wenn es uns wirklich so schlecht geht.»

Künzli goss sich das Glas noch mal voll, damit er seine Betriebstemperatur für die kommende Schlacht erreichte: «Das sind ja Peanuts, nein, ich rede von deiner Boutique. Die kostet alleine an Miete jeden Monat 12 000 Franken, und ...»

«Meine Boutique», kreischte seine Gattin, «das Einzige im Leben, das mir wenigstens etwas Spaß macht, meine Boutique, in die ich so viel Liebe, Herzblut und Energie gesteckt habe, meine Boutique willst du mir wegnehmen, du Unmensch?»

«Der Aston Martin ...», wollte sich Künzli verteidigen, aber das war offenbar ganz falsch: «Weißt du, wo du dir deinen Aston Martin hinstecken kannst», rief seine Gattin so laut, dass sich Künzli verschreckt umblickte, die Nachbarn. Aber plötzlich wurde sie ganz ruhig, nahm noch einen Schluck Yquem, obwohl der plötzlich leicht bitter schmeckte, und sagte gefährlich leise: «Hast du dir eigentlich mal überlegt, was dich eine Scheidung kosten würde, mein Lieber? Viel mehr als ein Aston Martin, viel mehr.»

Verdammte Scheiße, dachte Künzli, da brauche ich wohl den Plan B. Vorläufig ersetzte er ihn mal durch einen weiteren kräftigen Schluck Rum.

Sechsunddreißig

Die erweiterte Geschäftsleitung der EBS hatte sich im großen Sitzungssaal versammelt. Getäfelte Wände, bequeme Ledersessel, vor jedem Platz ein Mikrofon, Schreibblock, Kugelschreiber mit dem Signet der Bank, natürlich die Ausführung in Chinalack, am Boden ein schwerer Teppich, in den alle Kantonswappen der Schweiz eingewoben waren. Ein paar Verwaltungsräte hatten sich dazugesellt, denn das heutige Thema war auch für sie von brennendem Interesse.

Der Chief Financial Officer erhob sich, und das allgemeine Gemurmel verstummte schlagartig. «Ich begrüße Sie zur Vorstellung des Kompensationsplanes für 2008 und den Outlook für 2009. Wie Sie wissen, ist dieser Teil des Meetings eine No-notes-Veranstaltung. Unser Compensation Committee hat in strikter Befolgung der Vorschriften unserer Corporate Governance völlig unabhängig von der GL und dem VR die Höhe und die Verteilung der Kompensationen festgelegt.»

Der CFO schnippte mit den Fingern, und Direktionssekretärin Tschanz rückte sich die Brille zurecht und warf das erste Slide der Power-Point-Präsentation an die Wand. «Zunächst einmal», sagte der CFO, «eine kleine Begriffsdefinition. Wie Sie sehen», und mit einem Laserpointer unterstrich er jeweils das entsprechende Wort an der Wand, «unterscheiden wir zwischen einer freiwilligen, einer bedingten, einer leistungsabhängigen, einer umsatzabhängigen, einer vertraglich vereinbarten, einer sofort wirksamen, einer geldwerten, einer mit einer Sperrfrist belegten, einer individuellen, einer die Geschäftsbereiche und einer die Gruppe umfassenden performanceabhängigen Kompensationszahlung.»

Ein Schnippen, das nächste Slide. «Weitere Faktoren sind natürlich das Marktumfeld, Halteprämien, Up-Front-Kompensationen, Fringe Benefits, Goodwill und strategische Aspekte.»

Ein weiteres Schnippen, das nächste Slide. «Angesichts der besonderen Umstände des Jahres 2008 müssen natürlich auch Aspekte wie Kommunizierbarkeit, Image, Reputationsrisiken und soziale Verträglichkeit berücksichtigt werden.» Schnipp, nächstes Slide. «Das ergibt, um die Komplexität der multifaktoriellen Rechnung herunterzubrechen, einen Algorithmus, den Sie hier dargestellt sehen. Ohne da auf Einzelheiten eingehen zu wollen», und mit seinem Laserpointer glitt der CFO über die ellenlange Formel, die auf die Wand projiziert wurde, «erlaubt dieses Tool mit mathematischer Präzision eine transparente und für jeden nachvollziehbare Zuteilung eines variablen Lohnanteils an jeden Mitarbeiter der EBS, der dafür qualifiziert ist. Ich möchte Ihnen nun einige Aspekte …»

CEO Ruderholz war schon längere Zeit unruhig auf seinem Stuhl hin und her gerutscht, hatte sich sein Markenzeichen, die Designerbrille, die sich am Nasensteg öffnen und dank Magneten wieder zusammenstecken ließ, schon mehrfach auf- und wieder abgesetzt. Nach dem Druck auf sein Mikrofonknöpfchen unterbrach er nun den CFO: «Ich bin überzeugt, dass das alles seine Richtigkeit und seine Wichtigkeit hat, und ich bitte Sie, dem Compensation Committee meine Glückwünsche für diese ausgezeichnete Arbeit zu überbringen.» Ruderholz wusste, dass seine leicht verstärkte, sonore Stimme den Raum beherrschte, und er sonnte sich einen Moment in der allgemeinen Aufmerksamkeit, davon konnte er nie genug kriegen. «Ich glaube aber, und da spreche ich sicherlich im Namen von allen Anwesenden, dass hier und heute konkrete Zahlen, was die hier versammelte Führungsspitze unserer Bank betrifft, von prioritärem Interesse wären.» Ruderholz warf einen Blick durch seine Brille in den Raum, und befriedigt bemerkte er Kopfnicken aller Orten.

«Ich möchte noch anmerken», fuhr Ruderholz fort, «dass wir alle hier uns bewusst sind, dass die unvorhersehbaren Verwerfungen auf den Finanzmärkten in der uninformierten Öffentlichkeit zu teilweise sehr emotionalen Reaktionen geführt haben.» Eigentlich hatte Ruderholz nur kurz das Wort ergreifen wollen, aber vom Klang seiner eigenen Stimme fortgetragen, kam er in Fahrt: «Ich darf da an ein altes und gutes arabisches Sprichwort erinnern: Die Hunde bellen, die Karawane zieht weiter. Und ich darf hinzufügen: Irgendwann haben die Hunde ausgebellt. Unser Bankhaus hat in seiner mehr als 150-jährigen Geschichte schon viele Stürme überstanden und Krisen gemeistert. Und wissen Sie, warum?» Ein neuerlicher Blick in die Runde zeigte ihm, dass die meisten Anwesenden ihn interessiert fragend anschauten, die wenigen, die das nicht taten, merkte er sich. «Weil wir über den Tag hinaus denken, weil wir mit ruhiger Hand Kurs halten. Und weil wir nicht vom Prinzip ablassen, dass sich Leistung lohnen soll und muss. Leistung, Einsatz, Verantwortung, das hat unsere Bank groß gemacht, und da dürfen wir auf keinen Fall momentanen Moden nachgeben und auf wohlverdiente Benefits verzichten, nur weil das vielleicht im Augenblick in Teilen der Öffentlichkeit besser ankäme. Ich hoffe also, dass Sie das in Ihrem Algorithmus auch entsprechend berücksichtigt haben, und wenn ich nun um konkrete Zahlen bitten dürfte.» Ruderholz lehnte sich zurück, wieder einmal bedauerte er es, dass es in dieser Versammlung verpönt war zu applaudieren. Denn Beifall hatte er sich zweifellos verdient, da war er sich sicher. Außerdem hätte ihm die Intensität und die Dauer des individuellen Händeklatschens weitere Aufschlüsse darüber geliefert, welche Positionsverschiebungen er in der GL mit welcher Priorität angehen müsste. Bei mehr als der Hälfte der GL-Mitglieder war das sowieso überfällig, dachte Ruderholz, in letzter Zeit war es doch gelegentlich zu Kritiken an seinem Führungsstil und sogar an seinen Entscheidungen gekommen, die alarmierend waren. Aber selbst als CEO der EBS kann man nicht alles haben, nickte er.

Der CFO räusperte sich: «Nun, angesichts des negativen Gewinnwachstums und einer gewissen Underperformance unserer Aktie im Jahre 2008 schlägt das Compensation Committee vor – wobei ich anfügen möchte, dass ich bei dieser Decision in den Ausstand trat, da sie ja auch mich betrifft –, den VR und die GL einer linearen Kürzung der variablen Bezüge um 40 Prozent im Vergleich zum Jahre 2007 zu unterziehen. Also davon betroffen sind, äh …»

Der CFO verlor den Faden, was auch kein Wunder war, denn schlagartig setzte ein Protestgemurmel ein, das sich von Sekunde zu Sekunde verstärkte und schließlich in ein allgemeines Gebrüll mündete, wie es der altehrwürdige große Sitzungssaal noch nie erlebt hatte. «Verrückt geworden, was bildet sich das Scheiß-Komitee eigentlich ein, sofort abschaffen, auflösen, Unverschämtheit» waren noch die harmloseren Einwürfe.

Ruderholz wartete etwas zu, dann drückte er wieder auf sein Knöpfchen: «Meine Herren, ich muss doch sehr bitten, die Contenance zu bewahren, das ist nun wirklich keine Art.» Das Geschrei ebbte ab, einige rote Köpfe nahmen langsam wieder eine natürliche Farbe an, andere blieben rot. «Vielleicht haben Sie Ihren Ausführungen noch etwas hinzuzufügen», und mit einer huldvollen Handbewegung erteilte Ruderholz dem CFO wieder das Wort.

Der nahm einen Schluck Wasser, zögerte einen Moment und fuhr fort: «Ohne die Vertraulichkeit der Beschlusssitzung des Compensation Committees brechen zu wollen, lege ich Wert auf die Feststellung, dass ein weiterer Beschluss nicht einstimmig gefällt wurde», versuchte der CFO seinen eigenen Arsch zu retten. «Zudem sollen alle Unit-Verantwortlichen, in deren Bereich die Vorjahreszahlen nicht egalisiert werden konnten, vollständig auf ihren variablen Lohnanteil verzichten. Damit setzt die EBS ein klares Signal, dass auch auf oberster Ebene Opfer gebracht werden, ein Zeichen der Verantwortung, das gleichzeitig einen Reputationsgewinn und eine Imageverbesserung sowie einen Vertrauensgewinn mit sich führt, der …»

«Verstehe ich Sie richtig», unterbrach ihn Ruderholz gefährlich leise, «dass Meyer als Head of Private Banking in Anführungszeichen nur 40 Prozent weniger kriegt, obwohl dieser Bereich durchaus profitabel abschloss, und alle mit operativer und strategischer Verantwortung Befasste nichts kriegen, nicht mal ich?»

«Ähem», sagte der CFO, «andere Ausformungen des variablen Lohnanteils erscheinen dem Committee nicht vermittelbar, weder nach innen noch nach außen. Gleichzeitig schlägt das Committee vor, den Anteil des nicht variablen Lohnes zu erhöhen und gewisse variable Lohnkomponenten auf das Jahr 2009 und 2010 zu verlegen, womit im besten Fall die Summe der Bezüge über drei Jahre gerechnet gleich bliebe. Zudem weist das Committee darauf hin – ich bin hier nur der Berichterstatter –, dass nur so der Forderung nach personellen Konsequenzen, die immer lauter erhoben wird, die Spitze gebrochen werden kann.»

«Personelle Konsequenzen», echote Ruderholz und kriegte nun seinerseits einen roten Kopf, «damit bin doch wohl in erster Linie ich gemeint, oder? Ist ja eine großartige Idee, mitten in hohem Seegang den Kapitän von der Brücke zu holen, ja?»

«Nun, wie gesagt, ich referiere hier nur, aber dem Committee erschien es auch angesichts der bevorstehenden Aktionärsversammlung …»

«Aktionärsversammlung», schäumte Ruderholz, «was soll denn dieser Unsinn? Da toben wie immer ein paar Querulanten rum, kriegen nach maximal fünf Minuten das Mikrofon abgestellt, und dann wird allen Anträgen des VR mit mindestens neunzig Prozent zugestimmt, und vor diesem Hokuspokus hat das Committee Angst? Lächerlich. Also, Ordnungsantrag. Ich verlange eine Abstimmung über folgenden Beschluss: Die GL der EBS beantragt dem VR, die Vorschläge des Compensation Committee bezüglich GL zur Überarbeitung zurückzuweisen. Ich selbst, das sage ich ganz offen, bin nicht bereit, auf die meiner Verantwortung und Leistung entsprechende Gratifikation, und zwar in zeitnaher Form, zu verzichten. Gleichzeitig verknüpfe ich die Fortsetzung meiner Tätigkeit als CEO mit diesem Vorschlag. Und ich nehme an, ich spreche auch da im Namen von allen anwesenden GL-Mitgliedern. Darf ich um Handzeichen bitten, wer mit diesem Antrag einverstanden ist?» Ruderholz entglitt etwas die Kontrolle über seine Gesichtszüge, als er sah, dass sich nur zögernd einige wenige Hände hoben. Und sich sogleich wieder senkten, nachdem ihre Besitzer einen Blick in die Runde geworfen hatten.

Zwei Wochen später gab Ruderholz, äußerlich unbewegt, an der Aktionärsversammlung der EBS bekannt, dass er entschieden habe, altershalber von seinem Amt als CEO der EBS zurückzutreten, um damit den Weg für eine Fortsetzung des von ihm eingeleiteten erfolgreichen Turn around frei zu machen. Es war zwar das erste Mal, aber im holzgetäfelten, altehrwürdigen Sitzungssaal der EBS hatte eine Revolution stattgefunden. Und die Finanzkrise hatte ein weiteres, unschuldiges Opfer gefordert.

Siebenunddreißig

Kuster starrte auf die Handynummer von Wladimir auf dem Display seines Blackberry. Normalerweise hatte er nicht das geringste Problem mit solchen Anrufen, ganz im Gegenteil. Das war sein Leben, Kunden bequatschen, einseifen, eintopfen, sie für Entscheidungen loben, in die er sie zuvor reingequasselt hatte. Ganz nach Wunsch spielte er den servilen, den seriösen oder den sanften Schweizer Banker. Aber was war inzwischen noch normal, dachte Kuster. Das schöne Image der Schweizer Bank, verzockt, verspielt, verloren. Früher wussten die Reichen nicht, wo das Geld hintragen, heute wissen nicht, wo das Geld hernehmen. Da habe ich mit meinen Kunden wenigstens etwas gemeinsam, dachte Kuster trübselig, denn den Start von PK Financial Consulting hatte er sich ganz anders ausgemalt. Eigentlich hatte er sich Business as usual vorgestellt. Müller, die Pfeife, reichte ihm die Kunden rein, hielt die Dossiers im Schuss, führte die Geburtstags- und Vorliebenliste nach, setzte die richtigen Warnsignale: «Vorsicht, Gattin ist mal wieder in der Klapsmühle, Achtung, Sohn sitzt in Miami wegen Drogenhandel ein, unbedingt erwähnen, dass die brasilianische Geliebte schon wieder das Kreditkartenlimit gesprengt hat.» Und Kuster holte kurz Luft, rutschte auf seiner eigenen Schleimspur ins Portemonnaie des Kunden rein und zwackte eine hübsche Extrakommission und damit einen Sonderbonus ab. Und den Rest erledigte der Maschinenraum der Kreditunion.

Aber der erste Monat der Existenz von PK Financial Consulting war ins Land gezogen, und Kuster war weit außerhalb seines Business-Plans. Dabei war der ja von überschaubarer Simplizität. Nach Abzug aller Unkosten brauchte Kuster 50 000 im Monat für sich selbst. Nachdem er in den saueren Apfel gebissen hatte und das dafür nötige Verwaltungsvermögen mit Müller zusammen durchgerechnet hatte, waren sie auf mindestens 100 Mio gekommen. Das war eine gute Nachricht, denn Kuster selbst hatte 500 Mio kalkuliert, allerdings hatte er da auch seinen Privatbedarf mit einer knackigen Mio pro Jahr angesetzt. Die schlechte Nachricht war, dass er nach einem Monat Dauertelefonieren und Dauerlunchen schlappe 17 Mio verwalten durfte, von denen sich aber auch schon 2 Mio in Luft aufgelöst hatten, denn die aktiv gemanagten Superhedgefunds der Kreditunion, in die er die Kohle reingehauen hatte, waren nach dem Abgang von Kuster ja auch nicht besser geworden.

Viel mehr schmerzte Kuster aber, dass sich zudem für laufende Kosten mehr als 100 000 von seinem eigenen, sauer erarbeiteten Geld verkrümelt hatten. Alleine sein strategischer Entscheid, sich als Brioni-Mann von Kopf bis zu den Schuhen zu repositionieren, hatte beeindruckende Zusatzkosten verursacht. Dabei hatte sich Kuster noch zu seiner Sparsamkeit gratuliert. Denn zunächst hatte er eher an Tom Ford gedacht. Und als Kuster das erste Mal seit vielen Jahren seine Kreditkartenabrechnung angeschaut hatte, früher hatte das Müller abgelegt, damit es aus den großen Töpfen der Kreditunion beglichen wurde, war er zusammengezuckt.

Aus alter Gewohnheit hatte er im Sala of Tokyo zuerst für zwei das Ô-Toro Sashimi genommen, dann seinen Gast zum Shabu-Shabu überredet und selbst den Teriyaki-Steak Course bestellt, vom Kobe-Rind natürlich, dazu ein paar Fläschlein Mazusake im Holzkistli. Wie immer hatte er die Kreditkarte gezückt, unbesehen unterzeichnet und noch einen Fünfziger draufgelegt. Und jetzt schlug das, neben Dutzenden anderen Positionen, mit 617 Franken zu Buche. Und der Kunde hatte nicht nur dran rumgemeckert, dass er trotz Tischgrill mit eingebauter Absaugvorrichtung seine Kleider in die chemische Reinigung bringen müsse, und australisches Kobe-Rind sei dann schon nicht das Gleiche wie echtes aus Japan. Sondern erst nach dem Extrafläschlein Sake hatte er sich breitschlagen lassen, von den von Kuster erwarteten 11 Tonnen mal 3 rüberzuschieben.

«Probehalber», hatte der Geizkragen gesagt und vorwurfsvoll in sein Jackett hineingeschnuppert. Und dabei war das der größte Erfolg seiner Akquisitionstätigkeit gewesen. Kaum einer der anderen Kunden hatte mehr als 500 000 aufgeworfen, Peanuts, hätte Kuster früher von Müller erledigen lassen. Und dann diese Ansprüche, «da erwarte ich dann aber eine Super-Performance», hatte Biedermann wichtig verkündet, als ob der noch nie etwas von der internationalen Finanzkrise gehört hätte und als ob man mit Biedermanns schlappen 300 000 große Sprünge machen könnte, von Kommissionen, Fees und Courtagen ganz zu schweigen.

Damit sind wir haargenau 83 Mio vom Ziel entfernt, fasste Kuster zusammen, und dabei wollte ich nach dem Startstress dann mal eine Woche ausspannen. Nach dem kleinen Reinfall in Mikronesien hatte er mehr an eine nette Privatinsel in der Karibik gedacht. Aufgrund von längeren Evaluationen hatte er mit Necker Island geliebäugelt, dem kleinen Paradies von Richard Branson. Kostete zwar knackige 37 000 Dollar pro Tag, aber dafür wurden bis zu 28 Gäste von 50 Bediensteten rund um die Uhr verwöhnt, Spitzenküche inbegriffen.

Think big, hatte Kuster gedacht, wenn ich da wenigstens 20 Potencials einlade, habe ich zwar rund 200 000 Dollar rausgehauen, dafür klingeln dann aber mindestens 100 Tonnen Neuvermögen in der Kasse, wenn ich aus jedem bloß schlappe 5 Mio rausleiere, so beim Absackerchen im Sonnenuntergang. Aber bislang hatte er bloß vier lauwarme Zusagen einbuchen können, und zwei davon nur unter der Bedingung, dass er auch einen erstklassigen Escort-Service drauflegte. Also stand zwischen hellblauem Wasser, weißem Sandstrand und angenehm temperierter Palmhütte mit Butlerservice und Kuster noch dieser Anruf bei Wladimir. Wenn der mitkommt, mach ich's, dachte Kuster, ist dann sowieso viel intimer. «Jetzt keine Anrufe oder Störungen», bellte er zu Müller aus alter Gewohnheit in die Gegensprechanlage. War sicher gut für ihn, dass er nicht sah, wie Müller die Augen nach oben rollte, seit vorgestern hatte niemand angerufen. Kuster überprüfte den Sitz seiner Krawatte, setzte sich aufrecht in seinen Chefsessel, schob sich ein Lächeln ins Gesicht und wollte auf die Wähltaste des Blackberry drücken. Halt, dachte er da, hier ist der Empfang nicht immer optimal, nehme doch lieber das Festnetz. Ermutigt durch diesen korrekten Entscheid in letzter Sekunde tippte er Wladimirs Nummer ins Telefon. Halt, dachte er noch mal, da muss ich aber topfit und ruhig sein. Also zog er seine Schublade mit der Bordapotheke, löschte die Nummer und orderte von Müller ein Glas Wasser, still. Dann warf er ein Diazepam rein, überlegte einen Moment, schob noch ein zweites hinterher und schluckte runter.

So, dachte, Kuster, nun noch fünf Minuten warten, bis sich die Wirkung voll entfaltet hat, dann schleife ich Wladimir in die Karibik und leiere aus ihm mindestens 100 Mio raus, und alles ist paletti. Zwei Stunden später öffnete Müller vorsichtig die Türe zu Kusters Büro, sah, dass sein Chef mit dem Kopf auf dem Schreibtisch friedlich schnarchte, schloss sie wieder und beschloss, sich heute einen freien Nachmittag zu gönnen.

Achtunddreißig

«Ja, genau so sehe ich das auch», sagte Äbersold, «wenn ich Ihnen da noch etwas das Big Picture geben darf: Bei den aktuellen Verwerfungen auf den Finanzmärkten haben Depotkunden ja im Schnitt über 30 Prozent eingebüsst. Buchverluste, wohlgemerkt, denn abgesehen von einigen Übertreibungen sind ja viele Titel im Moment deutlich unterbewertet. Und im Vergleich dazu haben Sie mit einer momentanen Underperformance von 21 Prozent absolut über dem Benchmark abgeschlossen, was ich nicht zuletzt unseren bescheidenen Bemühungen zuschreiben darf. Sie können sich vorstellen, dass ich höchstpersönlich manchmal rund um die Uhr in meinem Büro war, um mich um die mir anvertrauten Portefeuilles zu kümmern. Bitte sehr, gerne geschehen, auf Wiederhören.»

Das war einfach, dachte Äbersold, der Schwachkopf hat sich sogar noch bei mir bedankt. Dabei sollte der doch wissen, dass man bei einer Finanzkrise auf dem Golfplatz mindestens so gut positioniert ist wie am Schreibtisch. Denn alle strategischen Anlageentscheidungen werden ja heutzutage von Computern getroffen, denen Analysten ständig neue Algorithmen füttern, die genauso nutzlos sind wie ihre Vorgänger, wenn es darum geht, eine zukünftige Entwicklung zu prognostizieren. Vielleicht werde ich langsam zu alt für den Scheiß, dachte Äbersold, während er gelangweilt seinen Terminkalender für den heutigen Tag betrachtete. Irgendwann kann ich mich nicht mehr zusammenreißen und sage dem nächsten reichen Sack, der über ein paar verlorene Millionen jammert, einfach mal die Wahrheit. Und wie sähe die aus, überlegte Äbersold.

Vielleicht so: Haben Sie geldgieriger Sack sich eigentlich mal überlegt, dass all das Gequatsche von maßgeschneiderter Anlagestrategie, ausgewogene Investitionen in risikominimierende Fonds und andere Anlagevehikel nichts als heiße Luft ist? Keine Wissenschaft, sondern reine Alchemie? Kennen Sie hingegen das wissenschaftliche Experiment nicht, als man zwei Anlagespezialisten gegen einen Schimpansen antreten ließ? Die Anlagespezialisten ließen ihre Computer Terabite von Finanzinformationen durchkauen, der Schimpanse warf mit Pfeilen auf eine Scheibe mit vier verschiedenen Farben, und je nachdem, welche Farbe er traf, wurde für ihn Geld investiert. Und der Schimpanse hat natürlich gewonnen, das nenne ich mal ein finanzwissenschaftliches Experiment mit Aussagekraft. Aber darum geht es ja eigentlich gar nicht.

Wenn Ihnen das auch noch zu schwierig ist, um es zu verstehen, dann erkläre ich es Ihnen mal ganz einfach. Ein Derivategebastel muss ja zuerst gebastelt werden, nicht wahr. Total return funds with currency equivalent and cross based on linked notes, wissen Sie, was da der Wortschnitzer alleine schon kostet? Und dann Legal, die mehrere Seiten juristischer Beipackzettel absondern müssen, damit die Bank von jeder Verantwortung freigestellt ist, wenn der Schrott absäuft. Okay, dann die ganzen Verpackungs- und Umpackungskünstler, dann die Distribution des Schrotts auf den Markt, die Hochglanzbroschüren, stundenlanges Gequatsche mit habgierigen Kunden wie Ihnen, dann der ganze Abrechnungsquark. Na, haben Sie jetzt eine dunkle Ahnung, was für eine Maschinerie da in Bewegung gesetzt wird, damit Sie am Schluss Ihre Unterschrift unter ein Papier setzen, von dem Sie nichts, aber überhaupt nichts verstehen? Und dann müssen Sie ja ständig mit Performance-Papers, Chartanalysen, Bilanzen, Outlooks und all so einem Unsinn zugeschüttet werden, den Sie zwar ungelesen wegschmeißen, der aber nötig ist, damit Sie ein gutes Gefühl haben. Und dann der ganze Papierkram, um das Zeugs ordentlich zu verbuchen, abzurechnen, was da alleine für Zinseszinsrechnungen abgewickelt werden, unvorstellbar.

Okay, lieber Geldsack, Sie haben das Big Picture gesehen? Prima, dann erkläre ich Ihnen noch den springenden Punkt: Wenn Sie also am Schluss ein Stück Papier in der Hand haben, auf das wir Ihnen rosarote Elefanten, goldene Wölkchen und einen stetigen warmen Geldregen versprechen, achten Sie dabei aber auf das Kleingedruckte, wenn Sie also so ein Papier in der Hand haben, auf das wir Ihnen vor allem mindestens fünf, eher zehn, vielleicht auch fünfzehn Prozent Profit versprechen, dann mussten sich alle Beteiligten doch vorher schon mal mindestens, aber allermindestens fünf Prozent Profit abgreifen, damit die Räder in dieser Maschine auch alle wie geschmiert laufen, oder haben Sie noch nie etwas von Boni gehört? Das heißt doch nichts anderes, als dass Ihr Papierchen, bevor Sie selbst bescheidene fünf Prozent abgreifen können, schon mal weitere fünf Prozent erst verdienen muss.

Und zehn Prozent Profit, mein Lieber, das ist Casino, das ist Zockerei. Das kann gut gehen, muss aber nicht, geht eher nicht gut, jedenfalls nicht auf lange Sicht. Und das geht niemals gut, wenn das Papier nichts anderes als ein Wettschein auf die Zukunft ist. Und wenn der Buchmacher pleite geht, dann ist es nicht mal mehr das Papier wert, auf das es gedruckt wurde. Können Sie mir immer noch folgen?

Super, dann verrate ich Ihnen noch ein letztes Geheimnis der internationalen Finanzmärkte: Wenn das Weltbruttosozialprodukt so rund 50 Billionen Dollar beträgt, jedes Jahr aber rein virtuelle Summen, die nur aus blinkenden Ziffern auf Computerschirmen bestehen, in der Höhe von hübschen 700 Billionen rumgeschoben werden, muss man da ein Finanzgenie sein, um zu wissen, dass es gelegentlich mal kracht? Das würde selbst ein Schimpanse kapieren, ohne sich lange am Kopf kratzen zu müssen, oder? Habe ich damit alle Ihre Fragen, wieso sich ein hübscher Teil Ihrer Kohle vom Konto verflüchtigt hat, beantwortet?

Ich werde wirklich langsam zu alt für den Scheiß, dachte Äbersold und sagte vorsichtshalber alle weiteren Termine für den Tag ab.

Neununddreißig

Hugentobler saß der Stellvertreterin des Bundesministers gegenüber. Die sieht ja aus wie ein Eichhörnchen auf Speed, dachte er, während er ihr in die weit aufgerissenen Augen blickte.

«Vielen Dank, Herr Hugentobler», sagte sie gerade, während sie an ihrem Foulard nestelte und ihn, ohne zu zwinkern, anstarrte, denn er hatte gerade im Namen der EBS die besten Genesungswünsche für ihren Kollegen überbracht, den ein kleiner Herzstillstand mitten aus der Bewältigung der Finanzkrise gerissen hatte.

«Nun, dieser bedauerliche Vorfall unterbrach leider meine Ausführungen über ein klitzekleines Problem, dem sich die EBS ausgesetzt sieht.»

«Klitzeklein höre ich gerne», sagte die Stellvertreterin, «endlich mal eine realistische Sicht in dieser ganzen Schwarzmalerei und dem Herbeireden einer Krise.»

Hugentobler war etwas überrascht, die ist ja noch blöder als ein Eichhörnchen auf Entzug, dachte er, aber mir soll's recht sein: «Also eigentlich sind es 68 000 klitzekleine Probleme, hochverehrte Dame, denn so viele Kundendaten möchten die etwas forschen Amerikaner von uns haben.»

Hoffentlich fällt ihr jetzt nicht das Foulard runter, dachte Hugentobler, aber weit gefehlt: «Ich konnte mich noch nicht vollständig in dieses Dossier einarbeiten», sagte das Eichhörnchen stattdessen und schenkte ihm ein breites Lächeln, «wenn Sie mich da ganz knapp orientieren wollen.»

Beeindruckende Schaufelzähne, dachte Hugentobler, vielleicht gleicht sie doch eher einem Kaninchen auf Speed. «Aber gerne. Die amerikanische Steuerbehörde behauptet, wir hätten US-Staatsbürgern in der genannten Zahl bei Steueroptimierungen geholfen. Ohne da ausschließen zu wollen, dass einzelne unserer Mitarbeiter möglicherweise etwas über die Stränge geschlagen haben, womit sie selbstverständlich gegen klare interne Richtlinien verstoßen hätten, ist dieser Vorwurf natürlich völlig unsubstanziiert, wie ich Ihnen als Anwältin ja nicht weiter ausführen muss.» Das Eichhörnchen, oder war es doch nicht eher ein Kaninchen, nickte geschmeichelt. «Wie auch immer, das alles unterliegt ja dem Schweizer Bankkundengeheimnis, und deshalb weigern wir uns selbstverständlich, gegen Schweizer Gesetze zu verstoßen, und halten die Tresortüre sozusagen gut verschlossen.»

«Sehr gut», sagte das Bundeshörnchen, «als souveräner Kleinstaat mit ewiger Neutralität wollen wir uns nicht in fremde Händel, in diesem Fall zwischen US-Bürgern und der US-Regierung, einmischen.»

Das wird nicht ganz einfach, dachte Hugentobler, vielleicht hätte ich eine Karotte mitbringen sollen, denn er war zur Überzeugung gelangt, nach dem zweiten Zähneblecken über dem Foulard, dass es sich doch definitiv um ein Kaninchen handelte. «Ganz Ihrer Meinung», schleimte er weiter, «obwohl ich das nicht so pointiert ausdrücken könnte. Das klitzekleine Problem besteht nun allerdings darin, dass die US-Regierung ein paar eher unfeine Drohungen ausstößt, auf die auf Regierungsebene reagiert werden muss.»

«Was für Drohungen», sagte das Bundeskaninchen und legte die Löffel an, «und welchen Handlungsbedarf sehen Sie da?»

«Nun, man kann es sich zwar kaum vorstellen, aber die Cowboys dort drüben behaupten doch tatsächlich, die ehrwürdige EBS habe organisiert und systematisch Beihilfe zu Steuerbetrug geleistet, absurd, was bedeuten würde, dass es sich bei der EBS um eine, ähem, kriminelle Organisation handle, deren Banklizenz in den USA bis zur Abklärung dieses Vorwurfs kassiert werden müsste.»

Das Bundeskaninchen riss die Augen noch etwas mehr auf, wenn das überhaupt möglich war, und schnaufte entrüstet: «Das ist ja unerhört! Ja was erlauben die sich eigentlich? Da rufe ich doch gleich mal meinen Kollegen in Washington an, ja hat man denn Worte.»

Na, ob der einen Anruf aus Swasiland oder Switzerland so einfach durchstellen lässt, dachte Hugentobler amüsiert, während die Stellvertreterin wichtig auf einen Knopf ihrer Telefonanlage drückte und sagte: «Machen Sie mir eine Verbindung mit dem amerikanischen Finanzminister. Ja, dem von den USA. Nun, so in einer Viertelstunde. Wie bitte? Ach so, in Washington ist es erst kurz nach drei Uhr nachts, na dann halt um neun Ortszeit. Danke.»

Vierzig

«Aber Sie sind für diese Position doch deutlich überqualifiziert», wunderte sich der Direktor der Regionalbank Oberbümpliz, dem Peter Kuhn eines der letzten vorzeigbaren Exemplare seiner Bewebungsunterlagen auf den Tisch gelegt hatte. «Als Sachbearbeiter Kontoablage müssten Sie doch nur kontrollieren, ob die elektronisch erfassten Bewegungen mit den Papierausdrucken übereinstimmen, und die dann im Archiv versorgen. Also ich hatte da eher an einen Anfänger mit kaufmännischer Ausbildung gedacht, aber mit Ihrem Palmarès ...»

«Das ist ein guter Einwand», unterbrach Kuhn etwas hektisch und schob sich verstohlen die Manschette seines Hemdes unter den Jackettärmel, damit man nicht sah, dass sie nicht nur ausgefranst, sondern auch etwas schmuddelig war. «Aber ich möchte gerne zu den währschaften Werten des Banking zurückkehren, weg von den virtuellen Geschäften, hin zum wirklichen Leben, wenn Sie verstehen, was ich meine.»

«Ja, schon», sagte der Direktor zögernd, «aber Sie wohnen doch in Zürich, wir hier im Emmental in der Nähe von Bern, also alleine der Arbeitsweg ...»

«Kein Problem», unterbrach ihn Kuhn aufs Neue, «ich möchte auch von der Hektik der Großstadt weg, all dieser Beton und Lärm, stattdessen beschaulich auf dem Land, glückliche Kühe, habliche Häuser, man grüßt sich noch auf der Strasse, man kennt seine Kunden ...»

«Ja, aber als Sachbearbeiter hätten Sie dann schon keinen großen Kundenkontakt, Herr Kuhn», sagte der Direktor leicht befremdet, «und vielleicht stellen Sie sich das Leben in Oberbümpliz da etwas zu idyllisch vor, wir sind ja mehr so eine Schlafgemeinde, nicht wahr, und eine glückliche Kuh habe ich hier schon lange nicht mehr gesehen. Also ich befürchte, dass ...»

«Aber ich brauche diesen Job», sagte Kuhn mit einem leichten Unterton von Verzweiflung in der Stimme und lockerte sich etwas die Krawatte, wobei es dem Direktor nicht entging, dass der oberste Hemdenknopf fehlte. Leicht verlegen blätterte der Direktor im Bewerbungsdossier herum, und langsam beschlich ihn ein leiser Verdacht. «Sagen Sie mal, Herr Kuhn, ich sehe hier, Sie haben einen makellosen Strafregisterauszug beigelegt, aber habe ich das überblättert oder fehlt da ein Betreibungsauszug?»

Der freigelegte Adamsapfel von Kuhn hopste hoch und runter, als er leer schluckte und sich räusperte: «Nun, äh, den kann ich natürlich gerne nachreichen, aber Sie wissen ja selbst, wie schnell man heutzutage betrieben werden kann, da hat es einige bedauerliche Missverständnisse gegeben, die ich natürlich erklären kann, aber verstehen Sie, man hat nie eine zweite Chance, einen ersten Eindruck zu hinterlassen, und da dachte ich …»

«Tja, Herr Kunz», sagte der Direktor deutlich reserviert, «wir in unserer Bank legen schon großen Wert auf eine makellose finanzielle Vergangenheit unserer Mitarbeiter, korrektes Verhalten in Gelddingen ist ja die Basis unseres Geschäfts.» Ach ja, dachte Kuhn bitter, die Bonusdebatte ist offensichtlich nicht bis nach Oberbümpliz vorgedrungen. «Also ich bin mir sicher, dass Sie mit dieser beeindruckenden Ausbildung problemlos eine Stelle finden, die Ihren Fähigkeiten …», wollte der Direktor das Gespräch abschließen.

«Bitte geben Sie mir doch eine Chance», winselte Kuhn, «ich brauche einfach einen Neuanfang, eine Aufgabe, einen Platz in dieser Welt!»

Indigniert lehnte sich der Direktor in seinem Schreibtischstuhl zurück: «Haltung ist auch eine Grundvoraussetzung für das Ausüben unseres Berufs, Herr Kuhn, ich muss doch sehr bitten. Dieses Gespräch ist beendet.»

Der Direktor stand auf, knöpfte sich aus alter Gewohnheit seinen tadellosen Zweireiher zu, ein gute gepflegtes Stück, das er sich vor zwanzig Jahren beim lokalen Herrenausstatter erworben hatte, drückte Kuhn sein Hochglanzbewerbungsmäppchen in die Hand und wies zur Türe: «Geben Sie doch Fräulein Baumeler Ihren Parkschein, Sie bekommen dann einen Bon zur Gratisausfahrt.»

«Ich habe kein Auto mehr», brach es aus Kuhn heraus, «ich habe nicht mal mehr das Geld für die Rückfahrkarte.»

Der Direktor schloss kurz die Augen, dann griff er in seine Gesäßtasche und brachte ein abgewetztes Lederportemonnaie zum Vorschein.

Er fingerte einen Fünfziger heraus, zögerte kurz und legte noch einen Zwanziger obendrauf: «Mehr kann ich wirklich nicht für Sie tun, Herr Kuhn, ich hoffe, dass Sie sich wieder aufrappeln, aber hier ist wirklich nicht der richtige Platz für Sie.»

Eine Viertelstunde später saß Kuhn im Bahnhofsbuffet Oberbümpliz und bestellte das erste große Bier und dazu einen doppelten

Kräuterschnaps. Ffünf Bier und fünf Doppelte später teilte ihm die Serviertochter resolut mit, dass nun Sperrstunde sei, kassierte seine letzten siebzig Franken und machte ihn darauf aufmerksam, dass der letzte Zug nach Bern in fünfzehn Minuten auf Perron zwei abfahre. Aber Vorsicht, auf Gleis eins käme dann in zehn Minuten der Schnellzug nach Thun, revanchierte sie sich noch für fünf Franken Trinkgeld. Kuhn wankte in die Nacht hinaus, stieg vom Bahnsteig herunter und folgte den Gleisen einige hundert Meter in die Dunkelheit. Bald sah er in der Ferne die Scheinwerfer des heranbrausenden Intercitys heller und größer werden.

Einundvierzig

Max Fischer saß am Schreibtisch seiner Suite im Astoria, als wäre nichts geschehen. Nur den Blick auf den Central Park konnte er nicht richtig genießen, und er war in seinen Grundfesten erschüttert. Er hatte immer gemeint, auf der Welt gäbe es nichts Mächtigeres als die Schweizer EBS, stabil wie das Matterhorn, wehrhaft wie die Gotthardfestung, und im Zweifelsfall müsste er nur mit dem roten Pass mit dem weißen Kreuz drauf winken, und er bekäme einen Freifahrtschein in allen Lebenslagen.

Aber Joe Smith, der gar nicht so hieß, hatte ihm gezeigt, dass es noch ein wichtigeres Papier als den Schweizer Pass gab: Die «Du kommst aus dem Gefängnis frei»-Karte. Wie ich aus der Nummer wieder rauskomme, dachte Fischer melancholisch und klappte seien Laptop auf. Er gab sein Passwort ein, um die 128-Bit-Verschlüsselung zu starten. Bevor er die streng geheime Kundenliste aufrufen konnte, poppte ein neue Fenster auf: «Bravo, Max, Sie haben heute noch drei Telefontermine und einen Dinner-Termin. Wir würden das Masa empfehlen, im Time Warner Center. Exquisit, und vor allem mit gutem Empfang. Cheers. Joe.» Fisher seufzte, «zen-like sushi temple» las er auf der Homepage, dabei mochte er nicht wirklich Sushi. Aber das war, wie vieles andere, nicht mehr seine Entscheidung.

Als er das Masa anrief, bestätigte man ihm, dass für heute Abend der VIP-Tisch reserviert sei. Kleine Demonstration von Joe, der ihm in einem fensterlosen, grauen Raum kurz die neuen Spielregeln erklärte, nachdem er ihm als Geste des guten Willens die Handschellen abgenommen hatte. «Ein Angebot, das Sie nicht ablehnen können», hatte Joe gesagt. Und ihm die Alternativen ausgemalt: Knast auf unbestimmte Zeit ohne Kontakt zur Außenwelt, kein Problem unter dem Patriot Act, dann Prozess oder ein paar Jährchen Ausreiseverbot als material witness, keine schöne Sache. Fischers Verteidigung, er sei ein harmloser Schweizer Geschäftsmann auf Urlaub, war spätestens in dem Moment zusammengebrochen, als Joe ihm vorführte, dass die NSA durch den angeblich unknackbaren Verschlüsselungscode seines Laptops in Minutenschnelle durchmarschiert war.

«Das Hemd ist einem näher als die Hose, oder gilt das in der Schweiz nicht?», hatte Joe gefragt, und eine Stunde später ergänzte Fischer seine Karriere als aufstrebender Schweizer Banker durch eine Anstellung als Mitarbeiter des IRS, der Steuerbehörde der Gringos. Keine großen Aufstiegschancen, hatte Joe gesagt, keine Fringe Benefits, kein Pensionsanspruch. Aber zeitlich befristet, vielleicht ein halbes Jahr maximal, und das hier ist eine Presidential Order, hatte Joe wichtig verkündet und ein Papier mit einem beeindruckenden Siegel hervorgezaubert, «das sichert Ihnen Immunität für alle vergangenen und zukünftigen Untaten zu. Feine Sache, besser als ein Schweizer Pass.»

Also telefonierte Max Fischer brav seine Ami-Kunden durch, dinierte anschließend mit einem Potential, der immerhin acht Millionen zusätzlich auf sein bereits prall gefülltes Konto bei der EBS in Zürich schaufeln wollte, im Masa und fluchte innerlich, als er die beeindruckende Rechnung von 1600 Dollar für ein paar rohe Fischstücke auf klebrigem Reis, zwei «Showcase Yuzu»-Cocktails und ein paar Schluck Sake beglich.

Aber sein Klient war beeindruckt: «Wie haben Sie hier nur einen Tisch gekriegt, das probiere ich schon seit Monaten.»

«Ach wissen Sie», sagte Fischer wegwerfend, «es gibt wenig, was ein Schweizer Banker nicht kann.» Dass dazu auch gehörte, dass er das Gespräch mit einem hemdknopfgroßen Mikrofon aufnahm, erwähnte er allerdings nicht.

Am Donnerstagabend stieg Fischer in den Flieger nach Zürich. Joe hatte ihn höchstpersönlich zum Flughafen gefahren, um ihm noch die letzten Instruktionen mit auf den Weg zu geben. «Und vergessen Sie nicht, Max, unser Arm ist lang», verabschiedete sich Joe mit einem Grinsen, «Sie können vielleicht wegrennen, aber Sie können sich nie vor uns verstecken, okay?» Das hatte Fischer noch im Ohr, als er am Freitag vor 14.00 h Wieland anrief, um dem Leiter Special Services der EBS einen ersten Rapport zu erstatten.

«Na, im Amiland alles easy», fragte Wieland jovial wie immer.

«Keine besonderen Vorkommnisse», erwiderte Fischer tapfer.

Zweiundvierzig

«So, so», sagte Dr. Moser, «da müssten wir dann vielleicht von Zopicon auf ein Benzodiazepin umstellen, diese Schlafmittel wirken zusätzlich auch noch angstlösend. Allerdings sollten wir dann, nachdem die aktuell etwas anstrengenden Zeiten im Banking vorbei sind, langsam wieder an ein Ausschleichen bis zum vollständigen Absetzen des Präparates denken, vielleicht am besten im Zusammenhang mit einer Kur. Und wie ist das sonstige Befinden?»

Moser wusste, was nun kommen würde, und lehnte sich bequem zurück. Als Dr. Feelgood für die Zürcher Bahnhofstrasse musste er sich schon gelegentlich selbst aus seiner wohlgefüllten Sammlung von Ärztemustern bedienen. Obwohl er seine Praxis zwölf bis vierzehn Stunden täglich und sechs, manchmal sieben Tage die Woche offen hielt, konnte er den Ansturm von Bankern kaum bewältigen. Die Welle von Wünschen nach ärztlichen Zeugnissen, die Flugunfähigkeit bescheinigten, war wieder abgeebbt, heutzutage durfte ja kein Schweizer Banker mehr in die USA fliegen. Aber dann war der Wunsch nach Attesten aufgekommen, die auch Bahn- oder Autofahrten von mehr als einer Stunde aus medizinischen Gründen untersagten; Deutschland, Italien und Frankreich waren ebenfalls zum Feindesland für Schweizer Gnome geworden. Das war für Dr. Moser alles kein Problem gewesen, zwei, drei in großen Mengen ausgedruckte Standardtexte, und schon wechselten ein paar Hunderternoten rasch den Besitzer, erst noch steuerfrei.

Aber in den letzten Monaten wurde er von Heerscharen von Bankern überrannt, die unter Schlaflosigkeit, Angstzuständen, Schweißausbrüchen, nervösen Zuckungen, Allergien, unangenehmen Hautrötungen, Schmerzattacken, Kratzzwang, Quaddeln, Augeninfektionen, allen Arten von Magengeschichten und Verdauungsstörungen, Kreislaufproblemen, Schwindel, Herzbeklemmung und – für die meisten am schlimmsten – Impotenz litten. Eine kurze Betriebsbesichtigung in einer Bank könnte Medizinstudenten das ganze Spektrum aller möglichen und unmöglichen psychosomatischen Krankheitsbilder illustrieren, dachte Moser. Früher hatte er einfach ein Burnout diagnostiziert und eine zweiwöchige Kur in der Klinik Schloss Klammern oder anderswo, wo er ein Kickback für jeden überwiesenen Patienten kassierte, empfohlen. Aber heute? Kein Banker wollte seinen Arbeitsplatz für länger als maximal einen Tag verlassen, aus lauter Angst, es könnte bei seiner Rückkehr bereits jemand anders hinter seinem Schreibtisch Platz genommen haben.

«Muss da durch, säge gerade den Head Restrukturierung ab, muss mein Team auf Trab halten, liege noch zehn Prozent hinter der geforderten Performancesteigerung zurück, muss übermorgen das neue Organigramm präsentieren, geben Sie mir einfach eine Pille, damit ich das schaffe, oder am besten gleich einen Cocktail», jammerten sie ihn reihenweise an.

Sein Patient war offenbar am Ende seiner Leidensgeschichte angekommen, und Dr. Moser wandte ihm wieder seine Aufmerksamkeit zu, nachdem er gar nicht zugehört hatte. Musste er auch nicht, war sowieso immer das Gleiche.

«Nun», sagte Dr. Moser, «das kriegen wir schon wieder hin, moderne Psychopharmaka wirken ja punktgenau und setzen an den entsprechenden Neurotransmittern oder Rezeptoren an, eigentlich ohne unerwünschte Nebeneffekte.»

Moser grinste in sich hinein, denn die Packungsbeilagen mit der Liste der möglichen Nebenwirkungen dieser Medikamente waren auch nicht kürzer als das Kleingedruckte, mit dem sich Banker von allen schädlichen Nebenwirkungen der von ihnen angepriesenen Produkte freistellten. «Darf ich Sie zunächst fragen, ob Sie verbotene Substanzen zu sich nehmen? Keine Angst, meine ärztliche Schweigepflicht ist sicherer als das Bankgeheimnis. Ich muss das einfach wissen, bevor ich bei Ihnen medikamentös durchgreife. Aha, Alkohol, nun ja, in Maßen? Fast regelmäßig eine Flasche Wein, ein paar Spirituosen, ja, das ist ja im normalen Rahmen in Ihrem Beruf. Gelegentlich eine Zigarre? Das können wir vergessen. Zehn bis zwöf Espressi am Tag, nun, ganz schön viel Koffein, aber wenn Sie es gewohnt sind. Und wie steht es mit dem K-Wort? Aha, drei- bis viermal die Woche etwas Kokain. Nun, wenn die Qualität stimmt, ist dagegen aus ärztlicher Sicht nicht viel zu sagen, Ihr Alkoholkonsum schädigt Ihren Metabolismus entschieden mehr, wenn der Stoff von guter Qualität ist. Andere Drogen, Hasch, Ecstasy oder Ähnliches? Nicht, gut. Nehmen Sie sonst noch Medikamente, die ich Ihnen nicht verschrieben habe? Viagra, hm, hat sein Dafür und Dawider. Also», sagte Moser und begann, seinen Rezeptblock voll zu schreiben: «Da nehmen wir mal für die Nacht Temazepam, für den Tag ein Equasym. Das ist wie Ritalin, dazu noch einen Betablocker, das bringt Ihr Beklemmungsgefühl in der Brust zum Verschwinden, und vielleicht Cipralex, ein fantastisches Antidepressivum, viel spezifischer als das Valium, das Sie im Moment nehmen. So, daraus besteht sozusagen Ihre Rüstung, mit der Sie bestens durch den Tag und durch die Nacht kommen werden. Als Notfallapotheke schreibe ich Ihnen noch einen Upper auf, wenn Sie mal plötzlich von null auf hundert kommen müssen, und einen Downer, wenn Sie ohne rauchende Reifen von hundert auf null abbremsen wollen. All das bitte nur genau nach Vorschrift einnehmen und unbedingt in der vorgeschriebenen Dosis und zur empfohlenen Tageszeit, ich gebe Ihnen auch an, ob vor, während oder nach einer Mahlzeit. Sollten Sie unerwünschte Nebenwirkungen verspüren, kontaktieren Sie mich sofort.

Damit meistern Sie garantiert jede Challenge und fühlen sich als der Winnertyp, der Sie doch sind. Nichts zu danken, lassen Sie sich von meiner Assistentin dann noch einen Kontrolltermin geben.»

Dr. Moser führte kurz die Patientenakte nach. Schon wieder einer, der auf Stufe drei angelangt ist. So fahrig, wie der wirkt, schafft er's auch auf Stufe vier, da kriegt er dann noch den Cocktail aus Muskelentspannungsmittel, Paxil gegen Angstzustände und Prilosec nicht zu vergessen, weil das ganze Zeugs natürlich Sodbrennen verursacht. Und dann käme noch Stufe fünf, haben einige auch schon erreicht, Einlieferung in die Klinik. Aber dann ist es mit der Karriere und somit auch meiner Betreuung vorbei. Ist halt eine Steigerungsform, die immer beliebter wird: krank, kranker, Banker, lächelte er.

Dreiundvierzig

Alfons Hinderli hatte sein erstes Jahr in Almaty überlebt. Den ersten braunstaubigen und heißen Sommer, den ersten graumatschigen und eisigen Winter. Er hatte überlebt, weil er auf Gott vertraute und die Ratschläge seines Bodyguards Josef. Wenn der bedenklich mit Kopf wackelte, dann trat Hinderli immer brav den Rückzug an, wo auch immer er sich befand. Wenn Josef sagte: «Kein Problem, das eine AK nicht lösen kann», und auf seine Kalaschnikow klopfte, dann rollte Hinderli die Augen nach oben und setzte die Verhandlungen fort. Todesmutig hatte Hinderli einigen angekokelten Schafsköpfen ins Auge gestarrt und das traditionelle kasachische Gericht Beschbarmak heruntergewürgt.

Nach sieben Monaten hatte er das postrealsozialistische Hotel Astana International und das Stadtzentrum mitsamt der ewigen Smogglocke unter sich gelassen und war für 7000 Dollar Monatsmiete in ein Zweizimmerapartment etwas außerhalb umgezogen. Quietschender Fahrstuhl, fast immer Strom, meistens Heizung, «gute Security, das ist das Wichtigste hier, Alfons», hatte Josef anerkennend gesagt.

Eigentlich funktioniert Kasachstan nicht viel anders als Liechtenstein, hatte Hinderli schnell herausgefunden, bloß heißt hier der Fürst Präsident, und man sah Nursultan Nasarbajew seine nichtadlige Herkunft deutlich an. Aber regieren tut er wie ein Fürscht, dachte Hinderli und schaute einen Moment erschreckt den Ölschinken aus der fürstlichen Sammlung an der Wand an, aber der Jägersmann konnte offenbar nicht Gedanken lesen.

Am Anfang hatte sein Chef Busperli aus Vaduz jeden zweiten Tag angerufen, um sich nach dem Gang der Dinge zu erkundigen. Hinderli hatte schnell Kontakt zu den richtigen Kreisen gefunden, also zu allen, die um den Präsidenten herumschwirrten und von denen er einige überzeugen konnte, dass 100 Prozent Gewinn in zwei Monaten eine feine Sache sei, aber vielleicht sei es auch keine schlechte Idee, ein paar Prozent des zusammengerafften Vermögens in die Sicherheit der Fürstlichen Effektenbank zu überführen. Denn die Wege des Herrn und auch eines Fürsten oder Präsidenten sind ja unerforschlich, schnell kann es passieren, dass die Gnade und Huld des obersten Lenkers nicht mehr so hell über einem strahlt wie auch schon. Das waren nachvollziehbare Argumente.

Und während sich Josef mit den Bodyguards seiner Klienten in Fachsimpeleien über die überlegene Durchschlagskraft von Hohlspitz- oder teflonummantelten Patronen vertiefte, wurde das Anlagegespräch gelegentlich von kleinen Schießübungen unterbrochen, mit denen einer der Leibwächter sein Argument unterstreichen wollte. Am Anfang war Hinderli noch zusammengezuckt und hatte sich bekreuzigt, während seine Gesprächspartner in schallendes Gelächter ausgebrochen waren. Aber mit zunehmender Akklimatisierung setzte er das Gespräch ungerührt fort: «Investieren Sie mit der fürstlichen Strategie», peng, «im Rahmen unseres Wealthmanagements», krawum, «das ergibt einen absolut bombensicheren Return on Investment», ratatata.

So hatte Hinderli schon in den ersten zwölf Monaten zackige 80 Mio in die Fürstliche Effektenbank geschaufelt, und Busperli hatte nur noch einmal im Monat angerufen, um zu sagen: «Prima, Hinderli, super, der Fürscht höchstpersönlich geruhte, mir gegenüber seine Zufriedenheit mit dem Geschäftsgang im Osten auszudrücken, und dabei hat er sicher auch an Sie gedacht.»

Nach einem Jahr wurde Hinderli genauso huldvoll sein erster Heimaturlaub gewährt. «Na, Hinderli, immer Kaviar und Krimsekt und Luxusleben in einer 7000-Dollar-Wohnung, da ist es doch gut, mal wieder im Vaterland zu sein», begrüßte ihn Busperli munter. «Leider habe ich es nicht geschafft, Sie auf die Short List des Weihnachtsempfangs auf dem Schloss zu kriegen, aber nächstes Jahr sollte das klappen. Allerdings», fuhr Busperli fort und schaute schon auf seine Uhr, «immer diese Termine», murmelte er dabei, «wir wollen uns ja nicht auf den Lorbeeren ausruhen, für das kommende Jahr haben wir Ihre Vorgabe auf 110 Mio gesetzt, Kasachstan boomt ja weiter, Öl bis zu den Nasenlöchern, straff gelenkte Wirtschaft, stabiles politisches System, da können Sie wahrscheinlich bereits nach sechs Monaten Vollzug melden und dann ein wenig die Schönheiten des Landes kennenlernen, soll ja landschaftlich sehr interessant sein.»

«Ja, aber ...», sagte Hinderli, doch Busperli hatte ihn sofort unterbrochen: «Nächster Termin, tut mir leid, Sie wissen ja, gerade vor Weihnachten, man kommt zu nichts. Aber Sie werden den Stier schon bei den Hörnern packen, oder das Kamel bei den Höckern, haha.»

Hinderli war am 2. Januar wieder in seine Luxuswohnung zurückgekehrt. Die war eiskalt, und aus dem Wasserhahnen tropfte nur eine braune Brühe, bis sich ein Eiszapfen bildete. Josef hatte nicht nur mit seiner Kalaschnikow winken müssen, sondern auch noch den Hausverwalter einen Blick auf seinen Colt Anaconda Magnum werfen lassen, bis der im Keller einer anderen Wohnung Heizung und Wasser abstellte, damit Hinderli sich wenigstens aus seinem Pelzmantel schälen konnte, bevor er unter die noch knirschenden Bettlaken kroch.

Genauso unterkühlt und zähflüssig war aber in den nächsten Wochen der Geschäftsgang. Der Ölpreis war gerade in den Keller gekracht, und Josef hatte immer häufiger bedenklich mit dem Kopf gewackelt, wenn Hinderli ihn fragte, ob er einen Besuch bei einem seiner vielen Klienten machen sollte, die wissen wollten, wieso sich trotz bombensicherer fürstlicher Anlagestrategie zwanzig oder dreißig Prozent ihres überlegen angelegten Vermögens in Liechtenstein in Luft aufgelöst hatten. Von Neugeschäften konnte keine Rede mehr sein. Busperli steigerte die Frequenz seiner Anrufe rasant, und nach einem Monat wollte er schon täglich wissen, wie Hinderli denn die Underperformance aufzuholen gedenke, nachdem im ganzen Januar null, nada, nix in die fürstliche Schatulle geflossen war.

Und Ende Februar war Josef unangemeldet aufgetaucht: «Bad news, towarisch», hatte der geseufzt, «das wäre unter Väterchen Stalin nicht möglich gewesen. Bin entlassen, und du auch.»

«Was», stammelte Hinderli fassungslos, «und das teilt man mir so mit?» Josef schnaufte auf, das empfand er offenbar nicht als Ausdruck der Völkerfreundschaft. Wortlos nahm er den Ölschinken aus der fürstlichen Sammlung von der Wand und marschierte zur Türe. Doch dann überlegte er es sich anders, stellte Bild und Kalaschnikow ab und umarmte Hinderli. Der roch zum letzten Mal Zwiebeln und Wodka und spürte, wie ihn Josefs Stoppelbart an der Wange kratzte: «Der schönste Tisch ist ohne Essen nur ein kahles Brett», zitierte Josef ein kasachisches Sprichwort, wischte sich verstohlen eine Träne aus dem Auge und verschwand. Hinderli zückte sein Handy.

«Ach, war Herr Busperli wieder zu beschäftigt, Herr Hinderli», antwortete seine Sekretärin Hinterbühler, «ja, da hilft alles nichts. Sie sind per sofort freigestellt, die Wohnung ist bis 1. März zu räumen, und, ach ja, der Kontrakt für das Handy läuft morgen aus.»

«Freigestellt, ja wie stellen Sie sich das vor? Und der Umzug und der Rückflug und wie weiter?»

Einen Moment lang knisterte es nur in der Leitung, dann antwortete Frau Hinterbühler: «Nun, das sind ja nicht meine Probleme. Aber wenn ich Ihnen einen Ratschlag geben darf: Wenden Sie sich doch an das zuständige Arbeitsgericht in Astana, Ihr Anstellungsvertrag ist ja nach kasachischem Recht ausgestellt.»

Meinte das Hinderli nur oder war da eine leichte Ironie mitgeschwungen, bevor die Verbindung unterbrochen wurde?

Trübselig starrte Hinderli auf die leere Wand. Auf der orangebraun gemusterten Tapete hatte das Bild bereits einen hellen Fleck hinterlassen. Das kann doch alles nicht Gottes Wille und erst recht nicht der Wille des Fürschten sein, dachte Hinderli. Und zum ersten Mal in seinem Leben betrat er eine russisch-orthodoxe Kirche und zündete so viele Kerzen an, wie er vor dem Opferstock fand. Aber das nützte ihm auch nichts mehr.

Vierundvierzig

Wenn ich einem reichen Deppen eine Umschichtung seines Depots, angesichts der Verwerfungen auf den Finanzmärkten, aufs Auge gedrückt habe, stellte ich das aber geschickter an, dachte Äbersold.

Aber das nützte ihm gar nichts, denn er saß Frischknecht gegenüber, Leiter Task Force Repositioning, ein Euphemismus für Entlassungen, Sparmaßnahmen, Downscaling oder wie das auch immer hieß, wenn eine verfettete Bank abspecken musste. «Im Rahmen unserer teilweise schmerzlichen Adjustierungen und einer Repositionierung angesichts der aktuellen Verwerfungen ...»

Aber da wurde es Äbersold doch zu blöd: «Okay, wenn ich gefeuert werde, dann können Sie sich das Geschwafel sparen, wenn nicht, dann verschwenden Sie nicht unsere Zeit und kommen Sie zur Sache.» Frischknecht ordnete ein paar Papiere vor sich und starrte in den Bildschirm seines Laptops, denn er wie eine Verteidigungslinie vor sich aufgeklappt hatte. «Springen Sie einfach im Wording, das Sie runterlesen, von Einleitung zu den Bullettpoints, die Inhalt haben», half ihm Äbersold.

Frischknecht kratzte sich etwas hektisch an einem Pickel, der seinem Image als scharfer Controller mit Aufstiegschancen, schlecht sitzendem Boss-Anzug und etwas zu aufdringlichem Aftershave im Wege stand, aber dann scrollte er brav runter und fuhr fort: «Wir müssen Ihnen leider eine Neuorientierung bei den Fringe Benefits bekanntgeben. Auslandsreisen sind grundsätzlich nicht mehr Business, unser neues Travel Center ist vorgängig zu kontaktieren und wird auch Billig-Airlines evaluieren. Lunch-Einladungen sind auf Fr. 200 zu limitieren, Abendessen, die 400 Franken übersteigen, sind vorab zu autorisieren. Die Teilnahme an VIP-Events wie White Turf, Basel Indoor etc. sind ebenfalls vorab zu autorisieren, eigene Kundenevents dürfen insgesamt einen Kostenrahmen von 30 000 Franken pro Jahr nicht mehr übersteigen, Special Events müssen in Relation zur Neuakquisition von Kundengeldern stehen, wobei die Kosten ein Promille des Geldzuflusses nicht überschreiten dürfen.»

«Aha», sagte Äbersold, «das heißt also, wenn ich 20 Mio an der Angel habe, darf ich nicht mehr als 2000 Franken ausgeben, das ist ja wohl bescheuert, oder?»

Frischknecht scrollte verzweifelt herum, fand aber in seinem Wording keinen Textbaustein, den er darauf anwenden konnte. Also reproduzierte er die Standardantwort: «Angesichts der globalen Finanzkrise müssen Maßnahmen getroffen werden, die im Einzelfall durchaus gewisse Härten beinhalten können, die aber für die Repositionierung der Kreditunion im immer kompetitiver werdenden Marktumfeld …»

«Okay», sagte Äbersold, «bevor man auch Sie einsparen wird, muss ich mir den ganzen Scheiß ja anhören, was gibt es noch?»

Frischknecht entwickelte neben seinem Pickel noch einige rote Flecken, fuhr aber tapfer fort: «Für Sie bedeutet das, dass Sie sich von einem Ihrer zwei Assistenten trennen müssen, Ihre Corporate Credit Card hat neuerdings ein Limit von 10 000 Franken, der Parkplatz für Ihren», Frischknecht versicherte sich mit einem Blick auf seinen Bildschirm, dass er keinen Fehler machte, «Jaguar wird mit einer Eigenbeteiligung von 500 Franken im Monat belegt, Mitgliedschaften in Clubs wie Rotary usw. werden jährlich nur bis zu einem Betrag von 1000 Franken von der Kreditunion übernommen, Ihr Geschenk- und Blumenbudget ist auf ebenfalls 1000 Franken pro Monat beschränkt, darüber hinausgehende Ausgaben sind von meiner Abteilung vorgängig zu autorisieren, die entsprechenden Formulare finden Sie im Intranet. Fortbildungskurse sind ebenfalls vorher zu genehmigen und dürfen pro Jahr keine Absenz von insgesamt mehr als zwei Wochen verursachen, und dann gäbe es noch ein paar weitere Details, die Sie Ihrem neuen Arbeitsvertrag entnehmen wollen, der sich bereits in Ihrer Mailbox befindet. Ich darf Sie bitten, ihn mir bis heute um 18.00 h unterzeichnet zu retournieren.»

«Neuer Arbeitsvertrag», erregte sich Äbersold, «das ist ja wohl der Gipfel. Ich habe einen bestehenden Vertrag, der eine Kündigungsfrist von sechs Monaten beinhaltet.» Frischknecht betrat sichtbar sicheres Terrain und erwiderte: «Das ist richtig, aber einerseits machen wir einen Wegfall der bisherigen Geschäftsgrundlage geltend, und falls Sie bedauerlicherweise dem neuen Vertrag nicht zustimmen sollten, bin ich autorisiert, Ihnen mitzuteilen, dass wir dann vorsorglich eine sofortige Änderungskündigung aussprechen müssen. Also besser gesagt eine fristlose Kündigung. Falls Sie die anfechten sollten, darf ich vorsorglich darauf hinweisen, dass wir bei der Durchsicht Ihrer Spesenabrechnungen der letzten zehn Jahre sicherlich auf die eine oder andere Ungereimtheit stoßen würden.»

He, dachte Äbersold, ich bin Mitarbeiter dieser Bank und nicht Kunde, ist eigentlich eine Unverschämtheit, so mit mir umzuspringen. Aber konzentrieren wir uns auf das Wesentliche, beschloss er: «Okay, ich werde mir den neuen Arbeitsvertrag anschauen, aber eine Frage hätte ich noch.»

Frischknecht scrollte zum Teil FAQ seines Wordings und blickte so beschützt Äbersold aufmunternd an: «Aber sicher, fragen Sie ungeniert, dafür bin ich ja da.»

So rede ich wirklich mit meinen Kunden, dachte Äbersold erbittert, aber es half ja alles nichts: «Was mich natürlich interessiert, ist die Bonus-Frage. Ändert sich da etwas?»

Offensichtlich war diese Frage im FAQ von Frischknecht enthalten, denn er antwortete wie aus der Pistole geschossen: «Das ist eine gute Frage, Herr Äbersold. Ich kann Sie beruhigen: An Ihrer Bonusstruktur ändert sich nichts.»

Aber bevor Äbersold aufatmen konnte, fuhr er fort: «Einzig am Auszahlungsmodus müssen wir kleine Anpassungen vornehmen. Wie Sie ja wissen, schießen sich vor allem die Medien auf angeblich unverdiente und vermeintlich exzessive Boni ein. Im Rahmen unseres Image- und Reputationsmanagements haben wir deshalb beschlossen, dieses Jahr die Boni um 50 Prozent zu reduzieren und das auch so zu kommunizieren.»

Äbersold lief rot an: «Sie können ja einsparen, was Sie wollen, und die gesamten Einsparungen, die Sie mir gerade erklärt haben, das sind ja Peanuts und zudem so überflüssig wie ein zweiter Kropf, aber an meinen Boni wird nicht gerüttelt, sonst haben Sie heute noch vor 18.00 h meine Kündigung auf dem Tisch.»

Frischknecht zerrte sich ein gequältes Lächeln ins Gesicht: «Lassen Sie mich doch ausreden, lieber Herr Kraus, äh, Äbersold.» Offenbar war er in seinem Gesprächsmanual etwas verrutscht, aber bevor Äbersold noch aggressiver werden konnte, fuhr Frischknecht schnell fort: «Wie gesagt, durch die Kommunikation eines Verzichts auf die Hälfte aller Boni versprechen wir uns einen bedeutenden Imagegewinn. Intern, und das unterliegt strikt der Verschwiegenheitspflicht, werden wir das allerdings so handhaben, dass wir beispielsweise Ihnen dieses Jahr nur die Hälfte des verdienten Bonus auszahlen werden, denn die Bilanz muss ja sauber bleiben. Gleichzeitig werden wir Ihnen schriftlich zusichern, dass die zweite Hälfte Ihres Bonus im nächsten Geschäftsjahr ausbezahlt wird, bis dahin dürfte sich ja auch das Getobe der Presse und der Öffentlichkeit wieder gelegt haben.»

«Und der Zinsverlust», hakte Äbersold unerbittlich nach.

«Auch der ist in unserem neuen Vergütungsmodell eingerechnet», sagte Frischknecht, während seine roten Flecken wieder verschwanden.

«Und der Bonus wird keinesfalls in Form von Aktienoptionen der Kreditunion ausbezahlt», schloss Äbersold das letzte ihm erkennbare Schlupfloch.

«Aber nein», sagte Frischknecht und ließ sogar seinen Pickel in Ruhe, «wir sprechen hier von einer Barüberweisung, auf Wunsch auch steuerneutral.»

«Irgendwelche Haken dabei?», fragte Äbersold misstrauisch, denn im Gegensatz zu ihren Kunden kannte er ja die Kreditunion und war auf jeden schmutzigen Trick gefasst.

«Keiner», sagte Frischknecht treuherzig, «die Auszahlung der zweiten Hälfte des Bonus hat allerdings zur Voraussetzung, dass Sie im Moment der Bezugsberechtigung in einem ungekündigten Anstellungsverhältnis mit der Kreditunion stehen. Das ist aber angesichts Ihrer jahrelangen Zugehörigkeit zu unserem Hause wohl kein Punkt, der berücksichtigt werden müsste.»

Oh doch, dachte Äbersold, wenn die Kreditunion nächstes Jahr weiter Geld sparen will, dann haut sie mich einfach eine Woche vor dem Bonusbezug raus und spart jede Menge Kohle. Interessant, führte er seinen Gedankengang zu Ende, nach diesem Gespräch habe ich ungefähr gleich viel Vertrauen zu meiner Bank wie ein durchschnittlich intelligenter Kunde, nämlich gar keins.

Fünfundvierzig

Frank C. Künzli saß auf der Terrasse am Frühstückstisch und schaute durch seine Gattin hindurch. Auch die idyllische Aussicht auf den Zürichsee nahm er nicht wahr, den frisch gepressten Orangensaft würdigte er keines Blickes, und die ofenwarm servierten Croissants kühlten auf seinem Teller unberührt aus.

Zunächst genoss Frau Künzli das Schweigen, endlich einmal nicht das übliche Bankergequatsche schon am frühen Morgen, Implementierung neuer Strategie, Umsetzung Change Management, proaktiv der Finanzkrise begegnen, harte Banker für harte Zeiten, unerträglich. Dann schaute sie verstohlen auf ihre Cartier-Uhr und bemerkte, dass es schon Viertel vor sieben war: «Frank, du willst doch auch heute der Erste im Büro sein, nicht?»

Frank reagierte nicht, sondern befingerte bloß seine Seidenkrawatte von Fabric Frontline in klassischem Bordeauxrot. Sie beschloss, ihm noch fünf Minuten zu geben, und nahm einen Schluck von ihrem Abington Rare White Tea, handgepflückt, sonnengetrocknet.

«Frank», probierte sie es nach zwei Minuten noch mal, «geht es dir nicht gut?» Sie war sich nicht sicher, ob er sie gehört hatte, auf jeden Fall bewegte er sich und zog aus der Tasche seines Armanis ein Pillendöschen, das sie zuvor noch nie gesehen hatte. Dann hielt er es sich an den Mund, leerte den ganzen Inhalt hinein und spülte ihn mit einem Schluck Orangensaft runter.

«Frank, was nimmst du denn da?», fragte sie, nun ernstlich beunruhigt.

«Alles, was drin ist», sagte Frank vage, «aber bei mir ist nichts mehr drin.»

«Ich verstehe nicht?»

Frank fixierte nun endlich seine Gattin, und dann brach es aus ihm heraus: «Lean Management, weißt du, was das ist? Ich auch nicht. Ich weiß nur, dass die letzten zwölf Monate die Hölle waren, Stimmung in der Bude auf null, seit Monaten parke ich in einem Parkhaus, damit man mich nicht mit meinem Porsche aus der Banktiefgarage rausfahren sieht, im Wochentakt soll ich neue Optimierungsvorschläge machen, weniger Work force, mehr Output, Kostenoptimierung, Ertragsoptimierung, täglicher Perfomancecheck. Jeder gegen jeden, wir müssen in Fünferteams gegeneinander antreten, wer am Monatsende die schlechteste Leistung gebracht hat, fliegt. Dann gibt's ein neues Fünferteam, und ich habe schon den Spitznamen ‹Veteran›, weil ich das sechsmal überlebt habe. Jeden Donnerstag ist Zwischenstopp bei Controller Sulzer, der gibt die aktuelle Rangliste bekannt, und letzte Woche war ich auf Platz fünf. Und heute ist wieder Donnerstag, der letzte im Monat, und ich habe die ganze Nacht an einer Power Point gearbeitet, die es für mich rausreißen sollte. Und weißt du, was mir eingefallen ist? Nichts, einfach nichts, überhaupt nichts. Nichts, nichts, nichts», murmelte Künzli langsam undeutlicher werdend vor sich hin und zerrte seinen Krawattenknopf nach unten, als ob er keine Luft mehr bekäme.

Seine Gattin war alarmiert: «Reiß dich doch ein bisschen zusammen, du stehst doch gut mit Sulzer, da laden wir halt heute Abend die Rinderknechts aus und machen wieder einen kleinen Empfang für Sulzer und seine Frau, diese Langweiler sind doch immer so dankbar, wenn sie etwas unterhalten werden. Ich lasse Catering kommen, du holst eine schöne Flasche aus dem Keller, und dann …»

Künzli unterbrach sein gemurmeltes «Nichts, nichts, nichts», mit dem er die Ausführungen seiner Gattin begleitet hatte, für einen Moment und nuschelte: «Neue House policy, kein Socializing mehr, könnte der objektiven Leistungsmessung schaden», dann verstummte er und zerrte sich die Krawatte unter dem Hemdkragen hervor.

«Also gut», suchte seine Gattin nach anderen Auswegen, «dann rufst du halt Heims an, der hat dir doch beim letzten Treffen in der Zunft in den Ohren gelegen, endlich den Schritt zu wagen und in seiner Privatbank anzuheuern, ist doch alles nicht das Ende der Welt.»

Künzli schaute seine Gattin mit vernebeltem Blick an: «Heims schmeißt gerade die Hälfte seiner Mannschaft raus, hat sich ein paar Fonds von Madoff aufs Auge drücken lassen, weiß nicht, ob er seine Bank nicht zusperren muss. Und alle anderen angeblich guten Freunde und Kollegen, die ich in den letzten Wochen angerufen habe, suchen entweder selber einen neuen Job oder sind froh, dass sie ihren eigenen noch haben. Jedenfalls die, die ich erreicht habe. Denn sechs sind in Behandlung, auf Kur oder in Selbstfindungsgruppen. Du hast ja keine Ahnung.»

«Jetzt reiß dich doch etwas zusammen», wiederholte seine Frau nicht ohne Schärfe, denn das hatte sie auch immer zu hören gekriegt, wenn sie auf derselben Terrasse einen hysterischen Anfall hingelegt hatte, «wozu bist du denn im Rotary, in der Zunft, im Club zum Rennweg, am Entrepreneurs Roundtable, im Golfclub, im Yachtclub, im Offiziersverein und was weiß ich, Connection ist alles, hast du immer gesagt, da sollte doch …»

Künzli hatte die Aufzählung mit einem anschwellenden «Nichts, nichts, nichts» begleitet, und nun brüllte er: «Nichts, verstehst du, wir stehen vor dem Nichts. Hab ich doch alles probiert, nichts. Heute ist der letzte Donnerstag im Monat, und in vier Tagen schmeißt mich Sulzer raus, selbst wenn ich ihm so hinten reinkrieche, dass ich sein Halszäpfchen lecken kann. Der Bonus für dieses Jahr ist sowieso futsch, und dann kriege ich noch für sechs Monate mein Gehalt. Und du weißt, dass wir mit den 50 000 nur knapp über die Runden kommen. Und dann?» Künzli fing wieder an zu nuscheln: «Und dann stehen wir vor dem Nichts. Oder glaubst du, wir würden dann von deiner Scheiß-Boutique leben, die jeden Monat 12 000 Miete kostet und nichts abwirft?»

Seine Frau zuckte zusammen, aber da sie auch diesen Morgen ihre Ration Antidepressiva, Beruhigungsmittel, Hormone und sogar die schweineteure Pille, die angeblich gegen Cellulite wirken soll, geschluckt hatte, wurde sie nicht hysterisch, sondern praktisch: «Also gehst du heute nicht ins Büro?» Künzli starrte auf seine Krawatte, die er sich wie einen Verband um die Hand gewickelt hatte. Dann stand er wortlos auf, und schon bald hörte sie seine schweren Tritte auf der Treppe, die ins Untergeschoss führte. Gebürsteter Stahl, freischwebend, hatte ein Vermögen gekostet. Oh Gott, dachte sie, der wird sich doch nicht schon am frühen Morgen besaufen?

Sie nahm noch einen Schluck von ihrem Tee und stellte fest, dass er kalt geworden war. Auch das noch, dachte sie und wartete darauf, dass ihr Gatte mit einer Flasche in der Hand wieder auftauchen würde, wie er das ja fast jeden Abend auch tat. Nach zwanzig Minuten war der Tee immer noch kalt und ihre Geduld am Ende. Oder besäuft er sich gleich im Weinkeller, dachte sie, das darf ja nicht wahr sein, jetzt muss ich ihm auch noch den Schlüssel wegnehmen. Als sie so wütend, wie es ihre Pillen zuließen, in den Keller stürmte, Naturboden, klimatisiert, von unten bis oben mit Tonröhren ausgekleidet, in denen die Flaschenbatterien perfekt gelagert auf ihren Einsatz warteten, sah sie ihn, wie er mit seltsam abgewinkeltem Genick an seiner Krawatte von einem der an der Decke verlegten Heizungsrohre baumelte und ihr seine dunkelblau angelaufene Zunge rausstreckte. Aus seinem rechten Hosenbein tröpfelte etwas Hellbraunes auf den Boden, und die Klimaanlage hatte Mühe, den Gestank aus dem Raum zu saugen.

Frau Künzli hielt sich ihr Fendi-Foulard vor die Nase und fragte sich, ob die Lebensversicherung auch bei Selbstmord zahlt.

Sechsundvierzig

Hugentobler war gerade dabei, seinen Schreibtisch bei der EBS leer zu räumen, als das Telefon klingelte. Ich brauche nichts, dachte er leicht amüsiert, kein Geld mehr, keine Aufträge mehr, keine Anrufe mehr. Er hob den Apparat vom Schreibtisch und schmiss ihn mit voller Kraft in den Computerbildschirm. Ich brauche auch keinen Computer mehr, ist zu unhandlich auf dem Golfplatz.

Drei Minuten später stand sein COO höchstpersönlich vor seinem Schreibtisch und betrachtete missbilligend den Schaden, den Hugentobler angerichtet hatte.

«Welch seltene Ehre», sagte Hugentobler, «können Sie mir von meiner Frühpensionierung abziehen. Nett, dass Sie sich persönlich von mir verabschieden wollen, endlich mal eine menschliche Geste.»

Der COO zuckte etwas mit dem Mund, nahm sich seine schwarze Hornbrille ab und deutete auf die Besucherecke, dunkelgrauer Marmortisch, handpoliert, Ribchestersofa und zwei passende Sessel, hatte Hugentobler mal gefallen. Er nahm den silbernen EBS-Brieföffner zur Hand und kratzte damit EBS ins Leder seines Regency-Schreibtisches, was die Zuckungen in den Mundwinkeln des COO verstärkte. «Auf ein Wort, bitte», sagte der COO, und Hugentobler zog überrascht die Augenbrauen hoch.

«Stehen die Green Berets schon vor der Türe?», fragte er, «wurde endlich ein internationaler Haftbefehl gegen die ganze Geschäftsleitung erlassen? Tut mir leid, ich würde Sie ja gerne auf eine Runde Golf in meinem neuen Privatclub einladen, aber der liegt in den USA, und dahin reist ja kein Schweizer Banker freiwillig. Aber okay, ich will ja nicht unhöflich sein.»

Sie setzten sich, der COO hielt seine Hornbrille weiterhin in der Hand und massierte sich mit zwei Fingern die Nasenwurzel. Schon erstaunlich, dachte Hugentobler, mal ein bisschen Gegenwind, und der Lack blättert schnell ab vom großartigen, überheblichen, siegessicheren Banker, der selbstverständlich alles im Griff hat.

«Ich kann mich hoffentlich weiter auf Ihre Diskretion verlassen, lieber Herr Hugentobler», sagte der COO, «in der Anspannung der letzten Wochen und Monate habe ich vielleicht nicht immer den richtigen Ton getroffen, wofür ich», der COO schluckte leer, «um Entschuldigung bitte.» Du kannst mich mal, dachte Hugentobler und lächelte freundlich. «Ich möchte Sie, das muss aber unter uns bleiben, darüber informieren, dass ich per Ende Monat von meinen Ämtern in dieser Bank zurücktreten werde.»

«Welcome to the club», sagte Hugentobler verbindlich, während er dachte, hoffentlich will es nicht das ungnädige Schicksal, dass wir uns dann in meinem Golfclub über den Weg laufen.

«Es gibt da allerdings, und Sie sehen, dass ich wirklich völlig offen zu Ihnen bin, noch eine kleine Restanz in Verbindung mit meiner Tätigkeit als Chief Legal Counsel, die wir noch aus dem Weg räumen wollen.» Du meinst, dass du Schiss hast, dass dich die Amis noch nachträglich am Schlafittchen packen, weil du als Chefrechtsberater der EBS über Jahre aktive Steuerhinterziehung von Amis abgenickt hast, dachte Hugentobler. Tja, ein Scheißproblem, muss ich zugeben, kann einem den ganzen Ruhestand versauen.

«Ich sehe das Problem», sagte Hugentobler, «die Amis können ganz schön nachtragend sein, und wer möchte schon auf der Straße gekidnappt und in ein geheimes Foltergefängnis in Polen gesteckt werden.» Hugentobler nickte mitfühlend, während sein COO erbleichte.

«Also das ist nun doch etwas out of proportion», sagte der COO, aus Gewohnheit wieder in Banglish verfallend. «Aber wir hätten da einen Rettungsplan ausgearbeitet, dem auch das IRS und das amerikanische Justizministerium zustimmen können.»

«Na, dann schießen Sie mal los, meine Lippen sind versiegelt», sagte Hugentobler aus reiner Neugier.

«Wie Sie wissen», erklärte der COO und beugte sich doch tatsächlich verschwörerisch nach vorne und senkte die Stimme, «sind wir ja etwas in der Zwickmühle. So oder so, mehr als 68 000 Namen und Kontounterlagen von US-Bürgern müssen wir rausrücken, sonst kommen wir in den USA nie aus der Schusslinie. Andererseits verbietet uns das das Schweizer Bankkundengeheimnis, und eine so große Ausnahmebewilligung kriegen wir von der Regierung niemals.»

«Ja», sagte Hugentobler, «wer hätte gedacht, dass die EBS mal sehr dafür ist, das Bankgeheimnis abzuschaffen.»

Der COO ignorierte die Bemerkung und fuhr fort: «Nun, die einzige Lösung ist folgende: Wir starten die Aktion Winkelried.»

«Wie bitte?», frage Hugentobler verblüfft, «der Freiheit eine Gasse, sorgt für mein Weib und Kind und alles? Und dann rein in die Lanzen der Habsburger, äh der Amis? Wie soll das gehen?»

«Nun, nicht ganz so, ähem. Also, ein Mitarbeiter der EBS behändigt, mit unserem Einverständnis natürlich, diese Kontounterlagen, reist in die USA und händigt sie dort den amerikanischen Behörden aus. Wir verzichten auf eine Strafverfolgung, die Schweizer Regierung macht übergeordnete Interessen unseres Landes geltend und stellt die offizielle Strafuntersuchung ein. Offiziell einigen wir uns in Miami auf ein paar hundert Kontodaten, und dann vergessen wir die ganze Angelegenheit.»

Hugentobler war beeindruckt, ein kühner Plan, aber nicht zu Ende gedacht: «Fein, nehmen wir einmal an, Sie finden den Winkelried, was passiert, wenn die Amis anfangen, allen 68 000 US-Kunden der EBS die Daumenschrauben anzulegen und die wie am Spieß zu schreien anfangen?»

«Dann wissen wir nur eins: Von uns hat die amerikanische Steuerfahndung die Daten nicht.»

«Und abgesehen davon, dass die EBS als seriöse Schweizer Bank niemals öffentlich Auskunft zu einzelnen Kunden erteilt, verbietet ihr das Schweizer Bankgeheimnis ein solches Vorgehen», kicherte Hugentobler, «nicht ganz übel, da haben ein paar Gnomen ja Überstunden geleistet. Aber bevor Sie die Frage stellen: Die Antwort ist nein.»

«Ich bin autorisiert, Ihnen dafür …»

«Die Antwort ist nein», unterbrach Hugentobler, «Sie können mich nicht mehr kaufen, ich habe ausgesorgt, ich bin raus.»

«50 Millionen von Seiten der EBS, ich lege aus meiner Privatschatulle nochmals 50 drauf.»

Hugentobler brauchte zwei Sekunden, bis er wieder sagte: «Die Antwort ist zum letzten Mal nein.»

«100 Millionen, oder Sie haben keine ruhige Sekunde in Ihrer 12-Zimmer-Villa in Boca Raton am Rodeo Drive 1217. Baubehörde, Feuerinspektion, das Gebäude ist genau 12 Zoll zu hoch gebaut, das hat eine Nachmessung bereits ergeben, der Kaufvertrag beinhaltet auch ein paar juristische Probleme, bis zu deren Klärung das Anwesen nicht bewohnt werden darf, Sie kommen auf die Liste der Terrorverdächtigen, Ihre Konten werden bis zur Abklärung der Herkunft Ihres Vermögens eingefroren, soll ich fortfahren?» Der COO setzte sich energisch die schwarze Hornbrille auf und starrte Hugentobler kalt an. Das Mütterchen EBS hat Krallen, dachte Hugentobler, man räumt in aller Ruhe sein Büro aus, und dann das.

«Haben Sie noch mehr auf Lager?», fragte er vorsichtig.

Der COO zog ein Blatt Papier aus seiner Jacketttasche: «Meine Liste umfasst noch genau 57 weitere Punkte, soll ich sie Ihnen vorlesen?»

Hugentobler stand auf, haute dem COO eins in die Fresse, dass seine schwarze Hornbrille wegflog, und sagte: «Okay, das mussten Sie auf Ihr Angebot noch drauflegen. Wie gehen wir's an?»

Siebenundvierzig

«Es wären dann einige Rechnungen zu bezahlen», sagte Müller beim nächsten Daily Briefing, das Kuster als proaktive Maßnahme zur Optimierung der Performance eingeführt hatte.

«Belästigen Sie mich doch nicht mit so Kleinscheiß», bellte Kuster aus alter Gewohnheit, «habe Wladimir gestern nicht erreichen können, steht heute ganz zuoberst auf meinem Schedule.»

Müller ließ sich nichts anmerken und fuhr ungerührt fort: «Büromöbelleasing, Miete an Vetterli & Vetterli, Kreditkartenabrechnung, steuerliche und anwaltliche Beratung bei der Gründung der PK Financial Consulting AG und den Verwaltungsverträgen mit der Kreditunion, Briefschaft, Website, Blumenbouquets, Truffe du Jour und andere Stützli-Spezialitäten, die Rechnung der Brioni-Boutique ist fällig, Auto-Leasing, und die Payroll nicht zu vergessen, Masseur, Personal Trainer, Haushälterin und nun ja, mein Gehalt, da ist einiges aufgelaufen.»

«Sie wollen mich ja wirklich in die richtige Stimmung bringen, um einen wichtigen Anruf zu machen», protestierte Kuster, «also, okay, machen wir es kurz: Wie viel?»

«Genau 187 563.20», sagte Müller trocken.

«Aber ich habe doch gerade über 100 000 abgedrückt», sagte Kuster fassungslos, «das haben Sie noch nicht abgezogen, oder?»

«Das war für letzten Monat, das hier sind die Rechnungen, die Ende dieses Monats, also in fünf Tagen, fällig sind», erwiderte Müller ungerührt.

«Okay», sagte Kuster, «machen Sie mir da eine Aufstellung, einfaches Excel-Sheet genügt, dann schaue ich mir das später in Ruhe an.»

«Bitte sehr», sagte Müller und legte ihm einen kleinen Papierstapel auf den geleasten Glastisch von USM, «bei Fragen: Ich bin im Vorzimmer.» Und habe eigentlich auch heute weiter nichts zu tun, dachte Müller. Außer ebenfalls einem wichtigen Anruf.

Und während sich Kuster wieder die Krawatte zurechtruckelte und ein Siegerlächeln ins Gesicht drückte, rief Müller seinen alten Kollegen bei HR der Kreditunion an: «Hallo, Max, hast du mal vorgefühlt? Ja, Bürgisser ist interessiert? Hat seine Assistentin dem Nachfolger von Kuster zur Verfügung gestellt? Sehr schön. Kannst ihm sagen, ich würde als Einstandsgeschenk auch ein paar Interna von Kuster Consulting mitbringen, wenn er auf meinen letzten Lohn noch was drauflegt. Siehst ihn heute Nachmittag? Sehr gut, ja, ich könnte problemlos am nächsten Ersten anfangen. Klar, eine

Hand wäscht die andere, logo.» Müller sah das rote Lämpchen an seinem Telefon aufblinken. Das lasse ich mir nicht entgehen, dachte er, schließlich hatte er die Telefonanlage organisiert und beherrschte sie im Gegensatz zu Kuster auch. Also nahm er vorsichtig den Hörer ab und klinkte sich in die Leitung ein.

«Wladimir, alter Freund», dröhnte Kuster in den Hörer, «hier ist dein Lieblingsbanker aus Zürich, der Putin der Finanzwelt, dein alter Freund Kuster.»

«Da», sagte Wladimir, «was steht an?»

Überschlägt sich nicht gerade vor Freude, dachte Kuster, aber das werde ich gleich ändern: «Ich habe eine wunderbare Idee, Wladimir, bevor der russische Winter kommt, wie wäre es mit einer Woche Karibik, Privatinsel, alles vom Feinsten, 50 Angestellte nur für uns, Sonne, Strand und jede Menge Meerjungfrauen, wir machen uns ein paar flotte Tage und besprechen in aller Ruhe, wie wir dein Vermögen …»

«Sprichst du von Näcker Island?», unterbrach ihn Wladimir, «käine Lust, war ich vor einem Monat mit Bränson, haben in allär Ruhe übär mein Vermögen gerädet.»

Kuster schluckte leer und schaltete blitzschnell um: «Du weißt das Leben zu genießen, Wladimir, muss man dir lassen. Dann komme ich schnell nach Moskau, ist im Herbst auch schön, wir gehen ins Café Puschkin, und danach lassen wir die Puppen tanzen.»

«Ich bin in Anadyr, mein Fräund, bin gerade zum Gouverneur ernannt wordän. Viel Öl, viel Gas, viel zu tun. Gäld ist hier im Schoß von Müttärchen Russland viel bessär investiert als bei Schweizär Bankän, kriegä 20 Prozänt.»

«Nun, da hätte ich aber ein paar Vorschläge, die durchaus darüber liegen, mein lieber Wladimir», behauptete Kuster kühn, «das könnten wir problemlos auch in Anadyr besprechen, könnte morgen früh da sein.»

«Müttärchen Russland ist groß, towarisch, Anadyr liegt gegenüber von Alaska. Weit vom Schuss, gut fürs Geschäft. Und du willst wirklich machen Angebot übär 20 Prozent?»

«Für gute Kunden und Freunde, aber sicher», sagte Kuster todesmutig.

«Im Monat, mein Fräund? Im Monat?»

Kuster schnappte nach Luft und zog sein letzte Karte: «Aber man sollte nicht alle Eier in den gleichen Korb legen, gerade in Alaska gibt es ja auch fantastische Anlagemöglichkeiten, da hätte ich ein paar Vorschläge», fantasierte Kuster drauflos, «die ich dir gerne persönlich …»

«Machä ich doch schon längst mit Bränson, mein Fräund, ist gar nicht so schwär, Bänker zu sein, da verdient man sähr gutt. Tut mir läid, abär der Helikopter wartät, kleine Räntierjagd, Spass muss sein, und dann Lagerfeuer mit dän Tschutschken, das ist russischä Sääle und kaine Schwaizär Schokolade. Do swedanja, wenn habe mähr Zeit, wir trinkän Wodka und brächen Brot, wie Ihr sagen: Freundschaft.»

Klick. Kuster saß wie ein begossener Pudel an seinem Schreibtisch, den Hörer immer noch ans Ohr gepresst. Da machte es ein zweites Mal klick im Hörer. Kuster sprang wutentbrannt auf, raste zur Türe und riss sie auf. Müller hatte die Hand immer noch auf dem Telefon und lief leicht rötlich an.

«Das ist der Gipfel», brüllte Kuster, «Sie sind entlassen. Fristlos. Geben Sie mir sofort Ihren Badge, Sie werden hinausbegleitet.»

Müller stand auf, nestelte den Büroschlüssel von seinem Bund und warf ihn auf den Schreibtisch. «Von wem denn», sagte er bösartig, «Sie schulden mir dann noch vier Monatslöhne. Und viel Spaß bei der Vermögensverwaltung. Bürgisser wird sich totlachen, wenn ich ihm das erzähle.»

Achtundvierzig

Ignaz Benz ging federnden Schrittes die paar Meter bis zu Bürgissers Schreibtisch hin. Jung, dynamisch, erfolgreich wollte er wirken, das war er seiner neuen Position als Vize Executive Junior Director Private Banking schuldig. Ein Winnertyp holt das erste Feedback seines

Vorgesetzten ein, ein Mann war unterwegs zur Spitze. Doch Bürgisser starrte in seinen Computerbildschirm und ignorierte den Auftritt von Benz vollständig. Ignaz überprüfte kurz den Sitz seiner Krawatte und fragte sich einen Moment lang, ob er sich setzen solle, ohne dazu aufgefordert worden zu sein, doch dann knöpfte er sich mutig seinen Zweireiher auf und nahm Platz.

«Ach Benz», sagte Bürgisser, als hätte er ihn erst jetzt wahrgenommen, «wie ist denn der erste Vormittag so gelaufen?»

«Super», sagte Benz, «ich habe mich bereits in die wichtigsten Dossiers eingearbeitet und erste Kontakte geknüpft, ich bin zuversichtlich, dass ...»

Bürgisser unterbrach ihn mit einer ärgerlichen Handbewegung: «Ach ja, und warum musste ich dann Herrn Bachentobler beruhigen, nachdem Sie mit ihm am Telefon gesprochen hatten? Anscheinend haben Sie nicht mal seinen Namen richtig auf die Reihe gekriegt. Jetzt habe ich den mit seinen schlappen 17 Mio wieder an der Backe.»

Benz begann, leicht zu transpirieren, und unterdrückte nur mühsam den Wunsch, die Überreste eines Fingernagels an seinen Mund zu führen: «Nun, Herr Bachentobel war wohl etwas über die Performance seines Portefeuilles echauffiert, was natürlich vor meiner Zeit liegt, und daher ...»

«Bachentobler heißt der Mann», unterbrach ihn Bürgisser schneidend, «ein gutes Namensgedächtnis ist etwas vom Wichtigsten für einen Private Banker. Jedenfalls für einen, der nicht nur diesen Titel trägt.»

Benz konnte sich nicht mehr zurückhalten, da er keinen knabberfähigen Fingernagel an seinem Daumen fand, begann er, am Nagelbett zu nagen.

Bürgisser schaute ihn leicht irritiert an: «Aber wir wollen uns nicht in Details oder Titeln verlieren, hier braucht es den Blick auf das Wesentliche. Sie haben drei Anrufe gemacht und dreimal einen äußerst miesen Eindruck hinterlassen. Eine vierte Chance gibt's nicht, dazu ist die Luft hier im Private Banking zu dünn. Wir können und wollen es uns nicht leisten, Kunden zu verlieren, auch wenn die mal kurzfristig etwas verloren haben.» Bürgisser machte eine Pause. Solche Momente liebte er, das war fast so schön wie ein Bonus, fast so schön wie Sex. Das war Macht, Überlegenheit, einen Blitzstrahl niederfahren lassen, einen Wurm zertreten. Und was für einen, dieser Benz mit seinem lächerlichen Bürstenhaarschnitt, der geschmacklosen Krawatte und dieser ekelhaften Angewohnheit, an seinen Fingernägeln zu knabbern. Kriegte von mir die Einladung, mal mit den big boys zu spielen, und hat jämmerlich versagt. Na, dann wollen wir mal, dachte Bürgisser: «Ich muss Ihnen also mitteilen, dass Ihr Arbeitsvertrag per sofort aufgelöst ist.» Benz schluckte und begann, hilflos an seiner Krawatte rumzufingern.

«Es tut mir leid», stammelte er, «wenn ich die in mich gesetzten Erwartungen, also ich meine, nun, wenn ich zukünftig meine Aufgaben im Bereich der Chart-Dokumentation, was ja mein angestammtes Gebiet ist, also wenn ich dann vielleicht in einem Jahr …»

«Ich dachte, ich hätte mich klar ausgedrückt», unterbrach ihn Bürgisser, «Sie sind entlassen, und zwar fristlos. Als kleines Entgegenkommen habe ich hier», Bürgisser hob ein Blatt Papier von seinem Schreibtisch, «den Vertrag über die Auflösung des Arbeitsverhältnisses im gegenseitigen Einvernehmen, per sofort und ohne Lohnfortzahlung. Wenn Sie jetzt gleich unterschreiben, würden wir von weiteren Schritten absehen.»

«Rausschmiss, per sofort, weitere Schritte? Aber wieso denn das?», japste Benz, der zu sehen meinte, wie sich unter seinen rahmengenähten Schuhen ein Abgrund auftat, in den er gleich ungesichert reinstürzen würde.

«Nun, wenn Sie mich zwingen, da deutlicher zu werden: Wir haben hier im Hause ein Null-Toleranz-Politik gegenüber Sexual Harassment, und Frau Muggli hat nicht nur Ihr Versagen in den Kundengesprächen, sondern auch Ihre verbalen Übergriffe auf sie selbst dokumentiert. Sie haben zehn Minuten Zeit, allfällige persönliche Habseligkeiten aus Ihrem Schreibtisch zu räumen, dann geben

Sie Ihren Badge unten beim Empfang ab.» Bürgisser stand auf, um das Ende der Unterredung zu signalisieren.

Diese verdammte Schlampe, dachte Benz erbittert, heizt mich auf bis zum Gehtnichtmehr, ist schärfer als Nachbars Lumpi, und dann will sie mich abservieren lassen. Aber nicht mit mir! Auch Benz stand auf und sagte tapfer: «Dieser Vorwurf ist ungeheuerlich, auch ich habe meine Rechte, ich habe niemals …»

Deutlich genervt unterbrach ihn Bürgisser ein letztes Mal: «Machen Sie Ihren Hosenschlitz zu, Mann, und verlassen Sie sofort mein Büro.»

Mit geschlossenem Hosenschlitz wankte Benz in sein Büro zurück. Sandra Muggli hatte es sich bereits hinter seinem Schreibtisch bequem gemacht und ein neues Schild aufgestellt: Sandra Muggli, Executive Junior Director Private Banking, las Benz mit zusammengekniffenen Augen.

«Sie verlogenes Biest, Sie falsche Schlange, das werden Sie noch bereuen», schäumte Benz.

Sandra Muggli blickte ihn mitleidig an: «Ich stehe halt nicht auf unterdotierte Losertypen», sagte sie maliziös und überreichte Benz eine Pappschachtel, in die sie fein säuberlich seine persönlichen Effekten gelegt hatte, zuoberst die Packung Präservative extra small.

So eine Schweinerei, dachte Bürgisser zwei Stunden später, als die Spezialeinheit der Zürcher Kantonspolizei wieder abgerückt war. Ein blutverschmierter Benz, der mit irrem Blick immer noch einen Brieföffner der Kreditunion umklammert hielt, und die von unzähligen Stichen übersäte Leiche von Sandra Muggli waren getrennt, aber beide sehr diskret abtransportiert worden. Der Hauptkommissär hatte garantiert, dass die Medien nichts von diesem bedauerlichen Vorfall erfahren würden, nachdem ihm Bürgisser einen hübschen Nachlass auf die Hypothek für seine Eigentumswohnung in Seebach gewährt hatte.

Nun noch ein Sondereinsatz des Hausreinigungsdienstes, war ja nicht das erste Mal, dann ein paar Gespräche mit Staatsanwaltschaft, psychiatrischem Dienst und dem zuständigen Richter, und auch dieser tragische Zwischenfall würde hinter den dicken Mauern der Kreditunion vorläufig eingesargt sein. Wenn dann in zwei Jahren der Prozess stattfinden würde, würde die Kreditunion aus Gründen des Persönlichkeitsschutzes jeden Kommentar verweigern, und wer interessierte sich dann überhaupt noch für diese uralte Story.

Aber wirklich eine Tragödie, dachte Bürgisser, Sandra war definitiv eine Bombe im Bett gewesen.

Neunundvierzig

Äbersold spürte plötzlich eine ihm sonst fremde Regung: Mitleid. Eigentlich hatte er Wäckerli kurz abbürsten wollen. Was fiel dem auch ein, nur weil er bei Äbersold sein persönliches Vermögen geparkt hatte, gab ihm das doch kein Recht, ihn wegen der Kreditvergabe der Banken im Allgemeinen und der Kreditunion im Speziellen zu löchern.

Okay, Wäckerlis Bude, die sich auf die Herstellung von Hochspannungsleitungen spezialisiert hatte, spürte wie alle Firmen die Auswirkungen des kleinen Schlamassels, das im roten Bereich zockende Banker angerichtet hatten. Aber was hatte das mit ihm, Äbersold zu tun? «Da müssen Sie sich an unsere Kreditabteilung wenden, Herr Wäckerli, ich mehre hier Ihr Vermögen beziehungsweise schütze es vor weiteren Verlusten, nicht wahr», hatte Äbersold bereits ausgeführt, als ihn plötzlich dieses merkwürdige Mitgefühl überfiel. Ich habe eigentlich sowieso die Schnauze voll, dachte er, wieso soll ich dem armen Hund nicht mal ein paar Zusammenhänge erläutern.

«Aber gut, Herr Wäckerli, ich will Ihre Frage, wieso Sie als mittelständisches Unternehmen den Kredithahn zugedreht kriegen, während fast alle Staaten den Banken Geld praktisch umsonst hinten und vorne reinschieben, mal an einem fiktiven Beispiel erklären. Nehmen wir einmal an, ich bin eine deutsche Bank. Also leihe ich mir von der Europäischen Zentralbank ein paar Millionen oder auch ein paar hundert Millionen für ein Prozent Zinsen. So weit können

Sie mir sicher folgen, Herr Wäckerli, prima. Also, und jetzt lege ich das Geld in deutschen Staatspapieren an, dafür gibt es vier Prozent Zinsen. Wenn ich es nicht lassen kann, haue ich noch ein paar Millionen in Spekulationen auf fallende Aktienkurse rein, da kann ja im Moment auch nicht viel schiefgehen. Diese Transaktionen führe ich schneller aus, als ich es Ihnen gerade erklären kann. Sie folgen mir immer noch? Ausgezeichnet. Also, und nach dieser anstrengenden finanztechnischen Höchstleistung lege ich die Füße auf den Tisch und rechne mir mal schnell den Bonus aus, den ich bei diesem Umsatz aufs eigene Konto schaufeln darf, denn umsonst arbeiten wir Banker ja wirklich nicht. Und wenn der deutsche Staat nicht pleite geht, was wir ja alle nicht hoffen wollen, dann habe ich mit drei Klicks auf meiner Tastatur sagen wir mal 500 Mio Euro Kredit zu einem Prozent aufgenommen und davon 400 in Staatsanleihen investiert und 100 Mio in ein paar Put-Optionen. Gerne, natürlich erkläre ich Ihnen das auch noch. Das bedeutet, dass ich zum Beispiel in einer Woche Aktien der Firma Sinkflug liefere, zum heutigen Tageskurs, wohlgemerkt. Ich gehe aber davon aus, dass diese Papiere in einer Woche ein paar Prozent an Wert verloren haben. Und da ich sie erst in einer Woche liefern und dafür kaufen muss, streiche ich die Differenz auch als Gewinn ein. Das alles erledigt übrigens ein banales Programm für mich, sonst müsste ich ja zwischenzeitlich mal die Füße vom Tisch nehmen. Sie können mir immer noch folgen? Großartig, denn die meisten Deppen, die aus den Bankkaderschmieden entlassen werden, hätten jetzt schon rauchende Köpfe. Also, Herr Wäckerli, nach diesem kleinen Ausflug in die Hightech-Finanzwelt des 21. Jahrhunderts kommen wir zu Ihrem kleinen Anliegen, dass angesichts der dreißigjährigen Existenz Ihrer Firma es doch nicht zu viel verlangt sein könnte, im Licht der aktuellen Wirtschaftslage Ihren Überziehungskredit um lumpige 3 Millionen zu erhöhen. Das sehen Sie aber leider völlig falsch, lieber Herr Wäckerli, denn das ist mit Papierkrieg, Analyse Ihres Cashflows, Ihrer Bilanz und vielen weiteren Unannehmlichkeiten verbunden. Und außerdem, das kommt noch erschwerend hinzu, müsste ja ein Kreditsachbearbeiter nach Rücksprache mit seinem Linienvorgesetzten eine Entscheidung treffen, die mit einem gewissen Restrisiko verbunden ist. Denn ohne Ihnen zu nahe treten zu wollen: Es könnte ja sein, dass die Firma Wäckerli nach dreißig Jahren doch plötzlich hops geht. Und dann ist unser schönes Geld futsch, der Kreditsachbearbeiter kriegt einen Anschiss von seinem Linienvorgesetzten, und seinen Bonus kann er sich für dieses Jahr auch abschminken. Außerdem, Herr Wäckerli, nach den etwas durchwachsenen Erfahrungen im Umgang mit Marktrisiken in letzter Zeit, das müssen Sie verstehen, scheuen wir Banker im Moment etwas das Risiko. Also, wenn ich zusammenfassen darf: Hier viel Arbeit und unkalkulierbares Risiko, dort fast keine Arbeit und fast kein Risiko, wie würden Sie denn da entscheiden? Wie bitte? Treuer Kunde, Leistungsausweis über Jahre hinweg, noch nie Zahlungstermine nicht eingehalten, gesamtwirtschaftliche Verantwortung von Finanzinstituten? Ja Herr Wäckerli, in welcher Welt leben Sie denn? Bevor ich Ihnen einen schönen Tag und viel Glück bei der Suche nach einem Kredit wünsche, Herr Wäckerli: Was ich Ihnen eben erklärt habe, ist eigentlich viel mehr wert als Ihr Überziehungskredit, und dennoch gibt es das gratis, eine Dienstleistung Ihres freundlichen Private Bankers.»

Nachdem Äbersold den Hörer aufgelegt hatte, dachte er: Also wenn das nicht reicht, damit man mich hier endlich rausschmeißt, dann weiß ich auch nicht. Da hatte er richtig spekuliert. Eine halbe Stunde später räumte er seine Golftasche und sein Tennisrack aus dem Schrank, leistete sich den Spaß, den Kreditunion-Brieföffner in seinen Computerbildschirm zu rammen, schraubte die Harddisk raus und spazierte an seinem verbliebenen Assistenten vorbei.

«Mein Stuhl gehört Ihnen, mein Sohn», sagte Äbersold freundlich, «ich bin soeben vom Karussell gesprungen und genieße ab jetzt mein Leben. Außer natürlich, die Bangster der Kreditunion und andere internationale Bankerbanden hauen noch die ganze Weltwirtschaft zu Klump.»

Dann ließ er seinen Assistenten mit offenem Mund stehen, packte sein Zeugs in den Kofferraum des Jaguars und fuhr aus der

Tiefgarage. Beim Ausgang warf er noch seinen Badge aus dem Fenster und seine Krawatte hinterher. Dann achtete er sorgfältig darauf, dass er nicht geblitzt wurde, während er in den Sonnenuntergang fuhr.

Fünfzig

«Jetzt keine Anrufe, nicht mal von Wladimir», bellte Kuster aus alter Gewohnheit, «ich mache mich jetzt ans Feintuning der Reise nach Necker Island, da muss dann alles klappen.»

Der Nachfolger von Müller, die neue Pfeife, wird sich dann um die Details kümmern, dachte er, aber die großen Linien muss ich ihm schon vorgeben. Kuster verschränkte die Hände für einen Moment im Nacken und lehnte sich zurück. Das mache ich am besten von Hand, beschloss er, ist schließlich persönlicher. Er nahm ein Blatt Papier, schrieb Wladmir drauf, unterstrich den Namen zweimal und fing an, nachzudenken. Schön, dass ich den doch noch rumgekriegt habe, aber einiges von seiner Kohle muss er schon noch rausrücken. Also, dann mal der Wichtigkeit nach: Vodka. Grey Goose wäre nicht schlecht, dachte Kuster, oder Gold Flakes Supreme mit echten Goldflocken, aber die kommen beide aus Frankreich. Nachdem Wladimirs Liebe zu Mütterchen Russland wieder erwacht ist, vielleicht nicht das Richtige. Dann eher der Kristall 100 aus Minsk, oder nein, ich hab's, was schon den Zaren schmeckte, kann nicht falsch sein, und Kuster notierte: Stolichnaya Ultra Premium, drei Kisten. 36 Flaschen sollten wohl für eine Woche reichen, sonst lassen wir halt mehr aus Miami einfliegen. Dann Kaviar, das ist einfach, Beluga natürlich. In Klammern setzte Kuster dazu: abklären, ob genügend Perlmutlöffel vorhanden sind. Dann klopfte er sich anerkennend auf die Schultern: Die große Linie sehen und das kleine Detail pflegen, das macht eben den Unterschied zwischen einem Private Banker und Kuster aus. Hummer, Champagner, aber auch Borschtsch (saure Sahne, setzte Kuster in Klammern dahinter), was noch? Okay, zum leiblichen Wohl fehlt noch die angenehme Begleitung, lasse ich den neuen Müller in Moskau abklären, dreimal platinblond, langbeinig, nicht ungebildet und trinkfest (Aidstest vorlegen lassen), machte Kuster eine weitere Klammer.

So, die anderen vier Potencials sind ja pflegeleichter, und auch nicht so reich wie Wladimir, kicherte Kuster, für die sollte der Service, den Bransons fünfzig Angestellte bieten, ausreichend sein. Vielleicht könnte man in Miami noch ein paar Girls stand by halten, am besten ein kleiner Querschnitt, so ein all American Girl, eine scharfe Mulata und eine Schwarze à la Campbell, nur nicht so zickig. Oder besser drei American Girls, man weiß ja nie, wie rassistisch so reiche Säcke sind. Ich komme gut voran, dachte Kuster und wollte sich die Krawatte lockern.

Befremdet stellte er fest, dass er gar keine trug. Ach, heute ist ja casual Friday, fiel ihm dann ein, aber rasieren hätte ich mich schon können, führte er sein Selbstgespräch fort, während er sich über die etwas rauen Wangen strich. Man darf sich ja nie gehen lassen, als Private Banker mit einem florierenden Family Office, bei diesem kompetitiven Umfeld. Überall lauern Piranhas, die ein Stück von der Beute abbeißen wollen, und um einen herum kreisen die Großbanken wie fette Haifische, jederzeit bereit, zuzuschnappen.

Kuster warf vorsichtig einen Blick über seine Schulter, aber da war nur eine weiße Wand, kein Raubfisch weit und breit. Kuster atmete auf. Man kann aber nie vorsichtig genug sein, dachte er dann, schließlich bin ich von Feinden und Verrätern umgeben. Wenn ich da nur an Müller denke, ein jahrelanges Vertrauensverhältnis, den habe ich in fast alle Tricks des gehobenen Private Banking eingeweiht, alle zwei Jahre eine Lohnerhöhung durchgesetzt, an Weihnachten immer ein Check aus meiner Privatschatulle, und dann? Hat mich schmählich im Stich gelassen und an Bürgisser verraten. Und mein Ex-Chef Bürgisser, dieser falsche Hund, vier Jahre hintereinander machte er mich zum Banker of the Year, wie oft hat er mir zugeflüstert, dass sein Stuhl einmal meiner sein könne, da sähe er weit und breit keinen anderen. Und dann hat er mich einfach eiskalt abserviert, um seinen eigenen Arsch zu retten, brauchte ganze fünf Minuten, um mich zu terminieren, dieses Charakterschwein.

Irritiert bemerkte Kuster, wie seine Augen feucht wurden, das passierte ihm häufiger in letzter Zeit. Er griff nach einem Kleenex, wischte sich die Augen ab und beförderte das Papierbällchen in den Abfallkorb. Ein selten hässliches Modell, dachte Kuster, wer hat da meinen filigranen Papierkorb aus gebürstetem Stahl ausgewechselt und durch diesen hässlichen Plastikeimer ersetzt? Kommen die Einschläge wieder näher, will man mich fertigmachen? Kuster warf einen Blick unter seinen Schreibtisch, aber da war nichts, nur ein grauer Linoleumboden. Kuster zwinkerte mit den Augen und griff zum nächsten Kleenex, wieso Linoleum? Plötzlich hörte er hinter sich hämisches Gelächter, erschreckt drehte er sich um. Da standen doch tatsächlich Bürgisser, Müller und Wladimir und schütteten sich aus vor Lachen. Aber wieso hatten die auf einmal Haifischköpfe, wieso lachten die einfach weiter mit ihren breiten Haifischmäulern, voll von messerscharfen Reißzähnen? Kuster wischte sich nochmals mit einem Kleenex über die Augen, und dann war da wieder nur eine weiße Wand. Ob das wohl die ersten Anzeichen von einem Burnout sind, dachte Kuster erschreckt, das kann ich im Moment aber gar nicht gebrauchen, kurz vor dieser alles entscheidenden Reise in die Karibik.

Kuster wollte sich die Krawatte lockern und stellte befremdet fest, dass er gar keine trug. Ach, heute ist ja casual Friday, dachte er dann erleichtert. Dann schüttelte er verwirrt den Kopf, bin ich hier in eine Art Zeitschlaufe geraten? Vielleicht sollte ich mal eine kurze Pause machen, und Kuster legte das Blatt Papier auf den Stapel rechts auf seinem Schreibtisch. Was für ein unordentlicher Haufen, dachte er dann, Ordnung ist das oberste Prinzip eines erfolgreichen Private Bankers. Er nahm den Stapel in beide Hände und wollte ihn auf dem Tisch zurechtklopfen. Dabei fiel ihm auf, dass die meisten Blätter beschrieben waren. Hektisch begann er zu blättern. Überall stand oben links Wladimir, zweimal unterstrichen, dann Stolichnaya Ultra Premium und am Schluss in Klammern: Aidstest vorlegen lassen.

Kuster erstarrte. Dann wollte er sich die Krawatte lockern, aber er fand keinen Krawattenknopf. «Casual Friday», murmelte er, «ich muss etwas an die frische Luft.» Er stand auf, wankte zur Türe und wollte auf die Klinke drücken. Aber er fand keine. «Müller», brüllte er, «was haben Sie mit der Türe gemacht?» Höhnisches Gelächter brandete an seine Ohren, aber er war zu ängstlich, um sich umzudrehen. Stattdessen begann er, gegen die Türe zu schlagen und zu treten. «Wladimir wartet auf mich», brüllte er, «ich muss zum Flughafen, wichtige Geschäfte, ich muss, ich kann doch nicht, ich, ich, ich …»

«Wieder ein Anfall», sagte Doktor Lugginbühl, und der Pfleger nickte: «Wir mussten ihn sedieren.» Sie standen vor Kuster, der auf seinem Bett festgeschnallt worden war und blicklos an die weiße Wand seiner Zelle starrte.

Im Auge des Sturms

Kann sich noch jemand an die Zeiten erinnern, als keine Gangster hinter den Bankschaltern standen?

Bis vor Kurzem galt ein ehernes Gesetz für jeden Banküberfall: schnell rein, schnell mit der Kohle raus. «Ich brauche eine Minute vierzig. Nüchtern», sagt im Film «Public Enemies» John Dillinger, der 30er-Jahre-Gangster, der bis zu seinem frühen Tod rund 300 000 Dollar erbeutete. Dafür wurde er zum ersten «Staatsfeind Nr. 1» der USA erklärt – und erschossen. Im Vergleich zu den modernen Bangsters war er ein blutiger Anfänger. Ein Stümper. 300 000 Dollar klaut heute ein High-frequency-Trader in 0,03 Sekunden. Nüchtern, besoffen oder bekokst. Und legal. Alleine mit diesem neuen Trick aus der Hexenküche der Finanzingenieure wurden in wenigen Monaten über 21 Milliarden Dollar an Gewinnen abgeräumt, fast die Hälfte aller Börsengeschäfte an der Wall Street werden heutzutage so gemacht. Gegenleistung, wirtschaftlicher Nutzen, Wertschöpfung: null.

Was ist viel profitabler, als Werte zu erschaffen? Natürlich, Werte erfinden. Das weltweite Bruttosozialprodukt, so weit sich das überhaupt messen lässt, beträgt jährlich rund 50 Billionen Dollar. Darum herum kreisen 700 Billionen virtuelles Geld in Form von Finanzderivaten, also reinen Luftnummern. Geld zu fälschen ist anstrengend und strafbar. Virtuelles Geld herzustellen ist kinderleicht und legal. Ich nehme zum Beispiel zwanzig real existierende Euro aus meinem Portemonnaie und leihe sie mir. Dann fordere ich sie wieder von mir zurück. Schon habe ich neben meinen realen zwanzig Euro einen virtuellen Wert von vierzig Euro hergestellt.

Aber damit nicht genug, ich biete Wetten und Versicherungen darauf an, dass diese finanziellen Transaktionen auch stattfinden. Und ich verleihe die virtuellen 40 Euro. Bei einem solchem Unsinn macht keiner mit? Weit gefehlt, mit solchem Schwachsinn hat es der größte Zocker aller Zeiten, der langjährige Boss der AIG, Hank Greenberg, zum Beispiel geschafft, seine Bude von ein paar Millionen auf einen Börsenwert von 240 Milliarden Dollar aufzublasen. Denn neben den berüchtigten CDO, dem hübsch verpackten Hypothekarschrott, mit dem sich die Verpacker dumm und dämlich verdienten, gab es ja noch die CDS, die sogenannten Credit Default Swaps.

Das geht ganz einfach: Als AIG versichere ich das Risiko, ob ich mir die virtuellen 40 Euro auch wieder zurückbezahlen kann. Oder, kehren wir in die nicht minder absurde Realität des modernen Financial Engineering zurück, ich versichere das Risiko, dass ein amerikanischer Ex-Knacki ohne Rücklagen und Einkommen, mit nicht mehr als 5 Dollar und einer Crackpfeife in der Tasche, in der Lage sein wird, die Hypothek auf eine windschiefe Holzhütte in den USA zurückzuzahlen. Die Bank, die ihm den Kredit vergeben hat, wettet dagegen, die AIG wettet darauf, dass doch. Aber eigentlich ist der Bank und der AIG völlig egal, ob der Ex-Knacki zahlen kann oder nicht. Denn sowohl die CDO wie die CDS werden hübsch verpackt und am anderen Ende der Welt einem Anleger aufs Auge gedrückt, das Risiko trägt weder die Bank noch die AIG.

Das ist nicht mal mehr Kasino-Kapitalismus, denn im Kasino müssen die Chips ja mit realem Geld gekauft werden. Im realen Kasino ist es so: Der Zocker verliert meistens, die Bank gewinnt immer. In der realen Finanzwelt ist es so: Bank, Anleger, Pensionäre, Steuerzahler, der Staat und eigentlich alle verlieren, der zockende Banker gewinnt immer. Ob Marcel Ospel, Hank Greenberg oder Richard Fult, ob UBS, AIG, oder Lehman Brothers, ob Merril Lynch, Goldman Sachs oder Credit Suisse: Es werden Milliarden verdient, der Banker zockt ab. Es werden Milliarden verloren, der Banker zockt ab. Zehntausende von Kleinanlegern in Europa verlieren mehrere Milliarden in wertlosen Lehman-Schrottpapieren. Die sie gebastelt haben, die sie verkauft haben, verdienten sich eine goldene Nase. Während die größte Finanzkrise aller Zeiten Staaten an den Rand des Bankrotts treibt, die sogenannte Realwirtschaft am

Rande des Ruins taumelt, Anleger und Pensionäre sich zu Recht fragen, ob ihr sauer erspartes Geld nicht morgen schon nichts mehr wert ist, feiern weltweit Tausende von Bankern die erste eigene Million, Hunderte die ersten eigenen 10 Millionen und Dutzende die ersten eigenen 100 Millionen. Ein Beispiel von vielen: Die US-Citigroup machte 2008 einen Verlust von 37,7 Milliarden Dollar. Vor dem Kollaps rettete sie eine Staatshilfe in der Höhe von 45 Milliarden. Das Versagen ihrer Banker vergoldete sie mit insgesamt 5,33 Milliarden Bonuszahlungen.

Moral, Schuld, Sühne, das sind keine Werte, die sich in Zahlen messen lassen, deshalb zählen sie für die Bankerbanditen nicht, sind für sie wertlos. Oder hat jemand ein Wort der Scham, der Schuld, eine Entschuldigung von einem Bankenraubritter gehört? Nach dem größten Bankraub aller Zeiten ist deshalb klar: Nach dem Bankraub ist vor dem Bankraub, ist während des Bankraubs. Und was sagt die Finanzwissenschaft dazu? Was sagt sie überhaupt? Besser als der Wirtschaftsnobelpreisträger Paul Krugman kann man es nicht auf den Punkt bringen: Das meiste, was die Ökonomie in den letzten 30 Jahren hervorgebracht hat, ist «im besten Fall nutzlos, im schlimmsten Fall schädlich».

Im Nachwort zum ersten Buch der Bankerstorys schrieb ich: «Wenn sich die Weltwirtschaft vom größten Bankraub aller Zeiten erholen wird, werden die Banker genau so weitermachen wie hier beschrieben.» Damals wusste ich nicht, dass es noch viel schlimmer kommt: Die Weltwirtschaft hat sich nicht erholt, doch die Banker machen genau so weiter.

Wir sind uns einig: Jeder Verbrecher hat nach der ersten Untat, der Verbüßung der Strafe und einer Resozialisierung eine zweite Chance verdient. Wir sind uns einig: Nicht therapierbare Wiederholungstäter gehören lebenslänglich weggesperrt. Das gilt eigentlich für alle Arten von Delikten, das gilt sogar für Bernie Madoff, den größten Schwindler aller Zeiten. Den größten? Der hat doch lediglich 65 Milliarden abgetischt. Darüber können die internationalen Bankerbanden nur lachen. Sie haben sicherlich mehr als 1000 Milliarden alleine an Boni in den fetten Jahren von 2004 bis 2007 abgeräumt. Dafür haben sie die größte Finanzkrise aller Zeiten verbrochen, den Markt mit Schrottderivaten gefüttert, die weltweit die industrialisierten Staaten für Multimilliarden übernehmen mussten. Die meisten Bangster genießen ihre ertrogenen Milliarden still und heimlich. Aber andere können den Kanal nicht voll genug kriegen, neue wachsen nach. Und machen genau gleich weiter: Die sechs größten US-Banken, alle am Staatstropf, legten bereits im ersten Quartal 2009 hübsche 36 Milliarden Dollar für «Kompensationszahlungen», also Boni, auf die Seite.

Als wäre nichts geschehen, als hätten sich nicht die industrialisierten Staaten Amerikas, Europas und Asiens bis über die Ohren ihrer Kindeskinder verschuldet, um die Kollateralschäden des Bankerwahnsinns in der Höhe von Tausenden von Milliarden zu übernehmen. Ganz zu schweigen von der Errichtung von sogenannten Bad Banks, in die die Banker die stinkenden Haufen von wertlosem Derivategebastel entsorgen durften, mit denen sie sich zuvor unsäglich bereichert hatten. Aber nichts ist wertlos genug, um nicht nochmals zu Geld gemacht zu werden. Denn gleichzeitig sorgte die Lockerung von Bilanzierungsvorschriften dafür, dass weltweit Pleitebanken illiquide Bestände von Giftmüll in den eigenen Büchern plötzlich neu und besser bewerten konnten. Und die Wirtschaftsjournaille, unbeleckt von Grundkenntnissen der Finanzwirtschaft, brach wunschgemäß wieder in Jubelschreie über angebliche neue Gewinne, Profite und eine Erholung der Banken aus. Dabei handelt es sich hier um reine Luftnummern, bilanztechnische Taschenspielertricks. Auch dafür nur ein Beispiel. Die ehemalige Investment-Zockerbank Goldman Sachs verkündete bereits im ersten Quartal 2009 einen Milliardengewinn. Frenetisch applaudiert von weiten Teilen der Wirtschaftspresse, die wieder einmal Licht am Ende des Tunnels sah.

Was sie dabei übersah: Dieser Gewinn war nur durch eine Umstellung des Geschäftsquartals möglich, das bei Goldman Sachs wie bei anderen US-Banken vorher nicht mit dem Jahresquartal zusammenfiel. Damit fiel der Monat Dezember 2008 aus den Büchern, mitsamt 1,3 Milliarden Verlust.

Selbst der Versicherungsgigant AIG feierte 2009 eine Bonusorgie nach der nächsten, zum Entsetzen der amerikanischen Regierung. Der einstmals heimliche Herrscher der internationalen Finanzmärkte, die große American International Group, hatte Ende 2000 den stolzen Börsenwert von 240 Milliarden Dollar. Sagenhafte 182 Milliarden Dollar Staatshilfe später dümpelte die AIG Mitte 2009 bei einem Börsenwert, Achtung, kein Druckfehler, von 1,3 Milliarden Dollar. Und weitere hundert, zweihundert Milliarden werden noch nötig sein, um den tönernen Koloss künstlich am Leben zu erhalten.

Die beiden Schweizer Großbanken UBS und CS, Erstere nur durch die im Vergleich zum helvetischen Bruttosozialprodukt größte Finanzspritze aller Zeiten gerettet, Letztere ebenfalls mit einem Milliardenverlust im Jahr 2008, zahlten zusammen für das kompetente Wirken ihrer Kader knapp 10 Milliarden Franken Boni aus. Für das Desaster-Jahr 2008, wohlgemerkt. Und der Schweizer Export nach Deutschland, Joe «Victory-Zeichen» Ackermann, meldet stolz wieder eine Kernkapitalrendite von 25 Prozent.

So etwas hinzukriegen ist ja auch kein Problem. Denn Banken arbeiten weiterhin mit einem durchschnittlichen Eigenkapital von rund 10 Prozent. Das bedeutet, wenn das Bankhaus «Bankrott und Söhne» ein Spekulationsgeschäft mit 100 eigenen Franken und 900 geliehenen macht und dabei schlappe 50 Franken verdient, dann kann es triumphierend einen Gewinn von 50 Prozent aufs Eigenkapital vermelden. Vor allem, wenn die geliehenen Franken der Bank vom Staat fast gratis nachgeschmissen werden. Wenn allerdings das Spekulationsgeschäft in die Hose geht, und das soll ja manchmal vorkommen, dann sind die eigenen hundert Franken bereits bei einem Verlust von 10 Prozent futsch, und dann ist die Bank pleite. Zumindest war das bis vor Kurzem so. Aber no risk, no fun ist weiterhin die Devise der Zockerbanker. Denn sie werden als Wiederholungstäter nicht lebenslänglich weggesperrt, sondern dürfen munter weitermachen. Mit neuer alter Lust am alten Risiko. Bei Goldman Sachs, der gescheiterten US-Investmentbank, die vom Staat gerettet als normale Zockerbank weitermachen darf, schoss das Value-at-Risk – eine Kennziffer für den maximal möglichen Verlust pro Handelstag, die als Maßstab der Risikobereitschaft gilt – vom ersten aufs zweite Quartal 2009 um beeindruckende 58 Prozent nach oben. Investmentprodukte wie Collateralized Debt Obligations (CDO), die Hypothekendarlehen weiterverwursten, sind plötzlich wieder im Kommen – obwohl sie das Kredit-Kartenhaus gebildet hatten, das im Herbst 2008 zusammenfiel. Die Banken verpacken sie nur neu, mit neuen Namen. Und die Kumpane von den Rating-Agenturen, haben die was gelernt? Ach was, sie versehen diese «neuen» Kreditvehikel prompt mit ihrem Gütesiegel AAA. Bis zur nächsten Umwandlung in Alt-A.

Dass hinter diesem größten Bankraub aller Zeiten kriminelle Energie, unersättliche Gier und skrupellose Verantwortungslosigkeit steht, muss inzwischen ja nicht mehr bewiesen werden, es ist offensichtlich. Aber es gibt noch einen weiteren Faktor, der in der öffentlichen Debatte bislang sträflich vernachlässigt wird. Die Masters of the Universe, die großen Lenker und Despoten und Egomanen an der Spitze der meisten Banken der Welt, sind häufig gefährliche Psychopathen. Zunächst muss man ein Egozentriker mit leicht autistischen und soziopathischen Tendenzen sein, um sich überhaupt in diese Position zu intrigieren, zu treten, zu boxen, zu beißen. Einmal oben angekommen, führen sie sich als Master of the Universe, beratungsresistent und diktatorisch auf, ohne zu bemerken, dass sie zu Masters of Desasters werden. Nehmen wir, wir haben die Qual der Wahl, als Beispiel nur das Aufeinandertreffen von «the gorilla» Dick Fult und «the hammer» Hank Paulson. Beides Egomanen und Diktatoren, der erste CEO von Lehman Brothers von 1994 bis zum 15. September 2008, bis zum Bankrott. Der zweite war von 1974 bis 2006 bei Goldman Sachs, die letzten acht Jahre als CEO. Dann wurde Paulson Finanzminister der Bush-Regierung. Beide Herren sind Multimillionäre und haben sich nach ganz oben gebohrt. Aber wenn

Geld und Macht keine Rolle mehr spielen, weil man beides hat, dann geht es nur noch um eins: um das Ego. Und um alte Beziehungen und Animositäten, ergänzt durch völligen Realitätsverlust. Da hatte der Gorilla Fult noch im April 2008 markig verkündet: «Das Schlimmste ist überstanden.» So kann man sich täuschen. Am 15. September 2008 mussten Lehman Brothers die Bücher deponieren. Der Hammer antwortete am Sonntag, 14. September, einfach nicht auf die immer verzweifelteren Hilferufe, die der Gorilla brüllte. Und am Tag nach der Pleite von Lehman schob der Hammer Paulson dem wankenden Riesen AIG 85 Milliarden Staatshilfe rein, von der sich, natürlich reiner Zufall, Goldman Sachs gleich 13 Milliarden abgriff. Zwei Wochen später schob Paulson die größte Staatshilfe aller Zeiten auf die Rampe, das sogenannte Troubled Asset Relief Program (TARP).

Wer die Situation der Welt- und besonders der Finanzwirtschaft heute betrachtet, tut gut daran, sich an einen Wirbelsturm zu erinnern. Wir haben erlebt, wie er mit voller Wucht über uns brauste, und wir erleben zurzeit eine Phase außerordentlicher Ruhe. Es werden erste Schadensschätzungen angestellt und verbreitet: Der International Monetary Fund kommt in seinem April 2009 Bericht auf 4 Billionen Dollar (für Ungläubige das Originalzitat aus dem «World Economic Outlook» des IMF, wobei eine US-Trillion einer europäischen Billion entspricht: «The April 2009 issue of the Global Financial Stability Report [GFSR] estimates that, subject to a number of assumptions, credit writedowns on U.S.-originated assets by all holders since the start of the crisis will total $ 2.7 trillion, compared with an estimate of $ 2.2 trillion in the January 2009 GFSR Update. Including assets originated in other mature market economies, total writedowns could reach $ 4 trillion over the next two years, approximately two-thirds of which may be taken by banks.») Der IMF geht von einem Gesamtschaden von 4 Billionen Dollar aus, andere Analysen sprechen sogar von über 10 Billionen, und dies immerhin, nachdem die Amis von massivster Übertreibung sprachen, als Mitte 2008 eine Schätzung von ca. 800 Mia. in die Runde geworfen wurde.

Wer sich die Zeit nimmt zu einer kleinen Standortanalyse, wird unter anderem eine weitere und massive Verrohung der Sitten feststellen, welche schon in der zehnjährigen Vorbereitungsphase der Pleite unübersehbar war und mittlerweile jedem kritischen Beobachter den Atem verschlägt. So passt es denn durchaus ins Moralbild des Jahres 2009, dass der US-Finanzminister Tim Geithner im Verein mit dem Chef der Notenbank Ben Bernanke dem CEO der Bank of America Ken Lewis unverhohlen mit dem Rausschmiss drohten, sollte dieser es wagen, die Pleite von Merrill Lynch nicht zu absorbieren und so ein paar Dutzend Milliarden Dollar Schulden seinen Aktionären der Bank of America in die Schuhe zu schieben. Und es passt denn auch ins Bild der allgemeinen Verrohung, dass beide die Sache vor dem Untersuchungsausschuss abstritten und dieser sich damit zufrieden gab und dass Ken Lewis sein Job und die damit winkenden Millionenboni denn doch lieber waren als das Wohl seiner Aktionäre. Die Liste der allgemeinen Verrohung könnte beliebig weitergeführt werden, vom Beschiss an den General-Motors-Gläubigern über die Milliardenboni des Jahres 2008 in Pleitebuden wie Merrill Lynch, AIG usw. bis zu den Steinbrückschen Indianerspielen.

Auf der anderen Seite werden «Zukunftslösungen» aller Art diskutiert. Von Aufsplittung des Bankensektors ist die Rede, von neuen, schärferen Regeln, neuen Behörden, internationaler Zusammenarbeit, Verhinderung von Steuerbetrug, Begrenzung der Boni usw., usw. Die betroffenen Banken nehmen das Gefuchtel der Politiker, Experten und neuerdings sogar des Papstes zähneknirschend zur Kenntnis, investieren aber heftigst in Anti-Lobbying, denn man will sich ja die Boni der Zukunft nicht vermasseln lassen. Eine weitere Spielart geht dahin, den Schwarzen Peter im bösen Ausland zu suchen. Die Herren Brown und Steinbrück haben es zu einer geradezu eindrücklichen Meisterschaft gebracht, mittels der Schweiz von ihrer selbstgebastelten Pleite von geradezu phänomenalen Ausmaßen abzulenken. Je mehr sich ihr politisches Ende und der Staatsbankrott ihrer Länder nähern, desto heftiger trommeln sie auf ihre Brüste.

Viel wichtiger als die Erregung über Indianerspiele und Doppelmoral sollte aber die Erkenntnis sein, dass man inzwischen auch von einem eigentlichen Staatsversagen sprechen muss. Die gleichen Kasperl, verkleidet als Finanz- oder Wirtschaftsminister, die sich über die ungebrochene Lust auf Boni oder die mangelhafte Bereitschaft der Banken erregen, Kredite in die Wirtschaft zu pumpen, haben doch zuvor genau diesen Banken überhastet und bedingungslos Multimilliarden reingeschoben. Begleitet von Gefasel von systemischen Risiken, «too big to fail», Weltuntergang, kleineres Übel und anderem Unsinn. Während sich die meisten Banker, außer bei der Mehrung ihrer Boni, als inkompetent und verantwortungslos erwiesen haben, erweisen sich nun die meisten Politiker als inkompetent und verantwortungslos. Denn sie haben nicht nur kommende Generationen in eine finanzielle Geiselhaft genommen, sondern sogar ganze Staaten den Bankerbanden ausgeliefert. Denn wenn jetzt eine solche Bank hops geht, dann sitzen Aktionäre, Gläubiger und Mitarbeiter im selben Boot mit allen Steuerzahlern des entsprechenden Staates.

Was leider nirgends diskutiert wird, ist die Tatsache, dass der Finanzsektor nicht annähernd die Wichtigkeit hat, die er behauptet zu haben und die man ihm widerspruchsfrei in weiten Kreisen zubilligt. Würden weitere Kreise diese Tatsache verinnerlichen, dann würden absurde Zustände, wie sie jahrelang vorherrschten und heute in geradezu perversem Ausmaß bestehen, nämlich dass es der einzige Industriezweig ist, der seinen Rohstoff, das Geld, jahrzehntelang zum Kollegenpreis und heute praktisch zum Nulltarif angeliefert bekommt, wohl schnell abgestellt werden. Dann würde man auch sehen, dass es gerade diese Discountpreise waren, welche der Welt ein Schlamassel ohnegleichen bescherten, und man käme aufgrund einer derart nüchternen Analyse wohl kaum zum Schluss, dass das einzige Mittel zur Linderung darin besteht, dem Finanzsektor noch viel mehr Geld und dieses Mal völlig kostenfrei anzuliefern. Man würde dann auch feststellen, dass diese Gratislieferungen ein gigantischer fortgesetzter Raubzug sind an Milliarden von Sparern und

Rentnern, welche die Zeche bezahlen, indem sie praktisch nichts bekommen für ihre Geldanlagen, sich vor gekürzten Renten sehen und erst noch zittern dürfen um ihre Einlagen. Denn das Staatsgeld fließt umgehend in beachtlichem Umfang wieder in die privaten Geldbörsen der Banker und dient weiter dazu, deren Bilanzlöcher zu stopfen, und als Treibsatz für neue Finanzblasen. So wird klar, dass es keinerlei neue Behörden, Regelwerke und was alles diskutiert wird, braucht, dass es genügt, dass die Finanzindustrie, wie jede andere Industrie auch, ihren Rohstoff zum Marktpreis einkaufen muss und damit automatisch auf das richtige Maß zurückgestuft und auf ihre Grundfunktionen gestutzt wird. «Sozialismus für die Reichen», nennt diesen akuten Wahnsinn der Wirtschaftsnobelpreisträger Joseph Stiglitz, Verluste werden den Steuerzahlern, Kleinanlegern und Rentnern aufs Auge gedrückt, Gewinne dürfen von den Großgangstern behalten werden. Es sei an dieser Stelle einmal in aller Klarheit darauf hingewiesen, dass es weder eine ökonomischen Grund gibt noch einen moralischen, Banken mit Tausenden von Milliarden vor dem Untergang zu retten, andere Industrien aber ihrem Schicksal zu überlassen. So ist es denn auch nicht verwunderlich, dass mein Votum für generell höhere Zinsen in keinem einzigen Statement, keiner Analyse, keinem Vorschlag oder Konzept je auftaucht. Es würde dem ganzen Spuk sehr schnell ein Ende bereiten, dem Risikoträger endlich ein anständiges Entgelt für sein Engagement sichern, den Finanzsektor auf das Maß zurechtstutzen, welches ihm ökonomisch zusteht: fünf Prozent des Sozialproduktes. Dieses Modell hätte nur einen kleinen Schönheitsfehler: Die USA würden ab der Stunde seiner Umsetzung der Wohlfahrt zur Last fallen.

Zurück zum Wirbelsturm: Im Moment befinden wir uns im Auge desselben. Man braucht kein Meteorologe zu sein, um zu wissen, wie es weitergeht. Je länger wir uns der Ruhe im Auge erfreuen, umso schlimmer werden die Schäden nach dem Abzug sein; sicher ist aber, dass wir nur aus dem Auge herauskommen, indem wir noch einmal durch den Sturm gehen. Wer schon einmal drin war, weiß, dass die Rückwand des Sturms sehr oft wesentlich schlimmer ist als die Vorwand. Was uns in der Rückwand um die Ohren fliegen könnte, segelt etwa unter den Stichworten «Staatsbankrotte, galoppierende Inflation, massive Arbeitslosigkeit» und so ziemlich alles, was uns die ökonomische Horrorkiste zu bieten hat.

Und da braut sich einiges zusammen, denn die Bangster haben ein neues Spiel entdeckt: Blasen blasen. Nur drei Dinge braucht der Banker, um sich dabei dumm und dämlich zu verdienen: Billiges Spielgeld, inexistente Spielregeln und uninformierte Mitspieler.

Deshalb sind wir mittendrin im Krieg. Nur hat's kaum einer gemerkt, denn es ist ein Geldkrieg, der die finanziell bemessenen Gesamtschäden des Zweiten Weltkriegs, je nach Quelle 500 Milliarden bis 50 Billionen Dollar, locker in den Schatten stellt. Mit der vom International Monetary Fund auf bislang 4000 Milliarden Dollar geschätzten Schadenssumme der aktuellen Finanz- und Wirtschaftskrise liegen wir da locker in der Mitte. Und heute? Banker auf dem Kriegspfad haben zwar keine Atombomben, aber finanzielle Massenvernichtungswaffen zum Einsatz gebracht, wie das der große Finanzguru Warren Buffett nennt. Willige publizistische Helfer errichten Nebelwände und werfen Blendgranaten, um den klaren Blick auf eine einfache Wahrheit zu verstellen: Es war der größte Bankraub aller Zeiten. Das ist die schlechte Nachricht, aber es gibt eine noch schlimmere: Er geht ungehemmt weiter. Während die Polizei, Ambulanzen, Politiker und viele Kameras um die rauchenden Trümmer herumstehen, die die letzte große Finanzblase hinterlassen hat, haben die Banker schon weitere aufgeblasen.

Innerhalb eines Jahres stieg beispielsweise der Ölpreis von 60 Dollar pro Barrel auf 147 Dollar. Die Anhänger der Regulierungskräfte des Marktes kratzten sich mal wieder am Kopf. Denn in der gleichen Zeitspanne stieg die Produktion, die Nachfrage ging zurück. Klare Indikatoren für einen sinkenden Preis des Produkts, lernt jeder angehende Wirtschaftswissenschafter im ersten Semester. Aber was er nicht lernt: 2008 waren rund drei Viertel aller Transaktionen im Ölmarkt rein spekulativer Natur, ein Barrel Öl wurde im Schnitt 27-mal gehandelt, bevor es konsumiert wurde. Bis die Blase platzte und der Ölpreis Mitte 2008 auf 33 Dollar pro Barrel absackte. Natürlich hatten die Bangster vorher ihre Spekulationen als sogenannte Futures längst weitergereicht, die Arschkarte zogen mal wieder weltweit die Anleger. Ach, und als kleiner Kollateralschaden kam es zu einer weltweiten Verteuerung der Nahrungsmittel und Hungerkatastrophen. Aber jeder Zockerbanker und Spekulant würde natürlich moralisch höchst erregt den Vorwurf zurückweisen, dass durch seine Geldgier der Tod von Tausenden von Menschen verursacht wurde. Nachdem diese Blase eher still und leise platzte, wurden ihnen beim nächsten Spiel die Asse frei Haus geliefert: Staatsanleihen im Wert von vielen Hundert Milliarden müssen ja im Markt platziert werden, denn die Staaten müssen sich refinanzieren, um die Löcher, die ihnen die Banken gerissen haben, zu stopfen. In diesem simplen Spielchen verdienen sich die Banker schnell, phantasie- und risikolos nun nochmals krank und kranker. Und geht das Blasenblasen weiter? Aber sicher, das nächste große Geschäft ist schon dabei, sich im wahrsten Sinne des Wortes aufzublasen: der Handel mit CO_2-Zertifikaten. Die damit beabsichtigte Klimaverbesserung ist eine gute Sache. Dass dabei ein neuer Markt für toxische Papiere am Entstehen ist, der uns spätestens 2015 um die Ohren fliegen wird, was soll's?

Die Banker kennen kein Erbarmen, das ist klar. Aber gibt es denn keine Rettung? Hat denn niemand gelernt? Nun, selbst Dominique Strauss-Kahn, Direktor des Internationalen Währungsfonds, scheint zu resignieren, zum anhaltenden Bonusskandal sagt er, dass er bedauert, dass noch immer keine Regelungen gefunden wurden, um zu «verhindern, dass eine kleine Gruppe von Männern und Frauen aus Geldgier die gesamte Weltwirtschaft in die Katastrophe führt».

Seit meinem letzten Nachwort ist die Welt um ein Jahr älter, ein paar Tausend Milliarden Bankenhilfen ärmer, ein paar Dutzend Millionen Arbeitslose reicher, und es stellt sich die Frage, ob es neue

Aspekte gibt zur Analyse im ersten Buch und vor allem: Wer sind die neuen Akteure in diesem gigantischen Spiel?

Nun, wir stellen vor allem fest, dass die eindeutigen Verursacher, nämlich die Diebe selber, ihren Raub praktisch ungeschoren überlebt haben und bereits daran sind, zu neuen Höhenflügen anzusetzen: Ihre Institute wurden mit Hunderten von Milliarden vor der Pleite bewahrt, ihre absurden Boni nach einem Jahr leichter Einbussen sind bereits wieder am Steigen, und keine einzige Regierung hat es gewagt, bloß ansatzweise dem perversen Treiben ein Ende zu setzen oder auch nur regulierend einzugreifen. Man stelle sich die Situation vor: Die größten Gauner der Weltgeschichte, die größten Pleitiers sind weiter munter dabei, sich mit Milliarden an Boni selbst zu bedienen – und dies im Jahr eins der Rettung durch die Bestohlenen!

Seit Monaten wird die Welt überflutet mit Meldungen zum Thema Boni, Regulierungen, Verschärfung der Aufsicht, neue Behörden, internationale Koordination sowie Analysen, Meinungen, Ratschlägen. Aber: Passieren tut gar nichts! Ein Riesenpuzzle oder ein Rauchvorhang? Besinnen wir uns auf die wenigen Tatsachen: Die «Politik des billigen Geldes», welche den Raub erst möglich machte, feiert neue Urständ; was bis 2008 billig war, ist nun völlig gratis. Und gegen irgendwelche Fehlschläge infolge des bunten Treibens gibt es für Banken und Zugewandte nach der Lehman-Pleite zwischenzeitlich eine faktische Staatsgarantie. Die Plünderung via Boni geht munter weiter, und gerade 2009 sind es ganz besonders fette, schließlich gilt es ja, ein paar Tausend Milliarden Staatsanleihen unters Volk zu mischeln; ein Geschäft noch einfacher als die faulen Hypotheken und von ähnlich lausiger Qualität. Weltweit hört man die Banker klagen, wie gerne sie doch die Entschädigungen kürzen würden, leider sei dies aber nicht möglich, solange auf dem Markt «exzellente Talente» halt ihren Preis hätten. Und hier wird es nun etwas spannender: An erster Stelle der Preistreiber für diese Talente steht ein Name; der alte Oberverpacker Goldman Sachs. Bereits fürs erste Halbjahr 2009 wurden über 11 Milliarden. Dollar für dessen rund

30 000 Mitarbeiter bereitgestellt, und es wird davon ausgegangen, dass die 30 000 exzellenten Talente 2009 mit einer durchschnittlichen Entlöhnung von über 770 000 Dollar pro Nase rechnen dürfen. Dies in einer Bank, welche noch Anfang 2009 am Tropf des Staates hing.

Wenn wir einmal davon ausgehen, dass Goldman Sachs am Anfang der Spirale steht, dann bekommen wir das Puzzle recht fein zusammen, dann verstehen wir, warum Henry Paulson 2008 Lehman in die Pleite fahren ließ, außer dass der Hammer dem Gorilla eins auswischen wollte: Er schaffte seinem ehemaligen Arbeitgeber einen äusserst lästigen Konkurrenten aus dem Weg, sicherte den Wert seiner 500 Mio. Investition an Boni aus Goldman-Sachs-Zeiten und machte der Welt klar, dass ohne sehr großzügige Staatshilfe der ganze Mist zur Hölle fährt und dass man von jetzt an in ganz großen Mustern denken müsse. Stichworte: Staatshilfen in unbegrenzter Höhe, Gratisgeld und völlige Freiheit für die «exzellenten Talente» in den Instituten (vor allem in Sachen Entschädigungen natürlich).

Nun, Henry «the hammer» war ja kein allzu langes Wirken mehr vergönnt in der alten Regierung, und die Welt freute sich auf den Szenenwechsel in Washington: Change als Stichwort; yes we can! Nach einem Jahr Obama fragt sich langsam, aber sicher männiglich, worin dieser Change eigentlich besteht. Keine Regierung der Welt ging mit ihren Finanzjongleuren derart pfleglich um wie gerade der «Changer», und von Change ist nicht nur im Finanzsektor weit und breit nichts zu sehen. Von Transparenz war die Rede; was dies im Klartext bedeutete, sah man z.B. im Fall Bank of America-Merrill Lynch, wo sowohl Obamas Mann Geithner wie der Chef des FED Bernanke standhaft leugneten, die BoA zur Übernahme von Merrill gezwungen und damit den BoA-Aktionären eine Rechnung von 25 Mia aufs Auge gedrückt zu haben. Man sieht es auch an der Tatsache, dass die amerikanische Notenbank FED neuerdings schlicht auf die Veröffentlichung ihrer Bilanz verzichtet; der Grund ist offensichtlich: Die Miesen wären zu groß, um noch begriffen zu werden.

Man sieht den Willen zur Transparenz auch daran, dass kein Schwein weiß, wo die 780 Milliarden TARP-Rettungsgeld eigentlich gelandet sind, und dass es offensichtlich auch niemand so genau wissen will. Und man sieht es nicht zuletzt daran, dass die Rating-Agenturen, die wenigstens für die Öffentlichkeit eine unabhängige Prüfstelle für den Wert von Finanzprodukten sein könnten, weiterhin nicht staatlich kontrolliert werden. Sondern für ihre wertvollen Analysen und Triple-A-Gütesiegel von den Profiteuren, den Banken, bezahlt werden. Sagt da jemand: Wes Brot ich ess, des Lied ich sing?

Wenn wir dem neuen Chef in den USA nicht unterstellen, ein ausgewiesener Gauner zu sein, dann muss es eine andere Erklärung geben für sein geradezu absurdes Verhalten. Und sie ist: Dem Mann wurde von den Obergaunern klargemacht, dass es ohne sie gar nicht geht, dass er als der Untergangs-Präsident in die Geschichte eingehen würde, wenn er sie ihr Rad nicht weiter drehen lässt. Wenn wir uns vor Augen halten, dass im Jahr 2006 vierzig Prozent aller Gewinne in den USA aus dem Finanzsektor stammten und dass es 2009 wohl über die Hälfte sind, dann wird klar, wo die einzige Supermacht heute steht: Ohne die Heinis an Wall Street geht nichts mehr! Ist Amerika pleite! «Yes, we can», wurde ihm von den Zockern entgegengeschmettert, «and no, you cannot», als Obama etwas von Finanzmarktregulierung verlauten ließ. Und so lässt er sie nicht nur walten, er wird ihnen alles geben, was sie von ihm verlangen, und dabei hängt er jeden Tag tiefer in der Falle, und die Zukunft sieht gar nicht gut aus. Nur dank neuen, noch verrückteren, noch riesigeren Spielchen im US-Finanzsektor kann er sich über seine Präsidentschaft retten, am Ende wird die Welt die Rechnung begleichen, sie wird sehr hoch sein.

Im Film und in der Vorstellung der meisten Menschen ist der amerikanische Präsident der mächtigste Mann der Welt, mit einem Druck auf den roten Knopf kann er sie in Trümmern legen. In der Realität schießen unkontrollierbar gewordene Bankerbanden eine finanzielle Massenvernichtungswaffe nach der anderen ab, und der amerikanische Präsident weiß nicht, wie er ihnen Einhalt gebieten könnte. Wie sollte er auch; seinen wirtschaftlichen Sachverstand holt sich der Anwalt Obama von seinen Wirtschaftsberatern. Und die kommen, wie bei Clinton oder Bush, natürlich aus der Wirtschaft, woher denn sonst. Das ist allerdings so, als ob man ein Mitglied der Panzerknackerbande zum Aufseher über Dagobert Ducks Geldspeicher machen würde. Innert kürzester Zeit stünde die arme Ente ohne Taler und ohne Federn da. In der Realität werden aber nicht Enten, sondern wir alle gerupft. In einem Geldkrieg, der von marodierenden Bankerbanden gegen den Rest der Menschheit geführt und bislang gewonnen wird.

Dr. René Zeyer, 2010

Weitere Titel aus dem Orell Füssli Verlag

René Zeyer

Bank Banker Bankrott

Storys aus der Welt der Abzocker

René Zeyer entlarvt mit viel Witz und literarischem Können Eitelkeiten, Intrigen, Ängste, Karrieresucht und Geltungsbedürfnis von Bankern. Und das Verrückteste: Nichts ist erfunden – ein Insiderbericht aus der bislang sorgfältig abgeschirmten Finanzwelt. Mit spitzer Feder und viel Ironie führt René Zeyer durch ein Panoptikum von Szenen, Gesprächen und Situationen aus dem Alltag der Mächtigen. Als Kommunikationsfachmann für Banken und Finanzdienstleister weiss er, was wirklich in den Köpfen von Anlageberatern vorgeht, deren ständige Begleiter Beluga, Boni und Verschwendung sind. Zeyer blickt satirisch hinter die Kulissen und zeichnet schonungslos die Mechanismen von Gier und Gaunerei, die den Kasino-Kapitalismus prägen.

192 Seiten, gebunden mit Schutzumschlag
ISBN 978-3-280-05341-6

orell füssli Verlag

Amir Weitmann

Madoff – Der Jahrhundertbetrüger

Chronologie einer Affäre

Bernard Madoff ist ohne Zweifel der größte Finanzbetrüger aller Zeiten. Kein anderer hat so viele Investoren aus allen Gesellschaftsschichten und Teilen der Welt um so viel Geld gebracht. Als der Schwindel aufflog, waren 65 Milliarden Dollar verpufft. Jüdische Non-Profit-Organisationen und Filmgrößen wie der Starregisseur Steven Spielberg gehören zu den Opfern. Aber auch viele Privatpersonen, die ihre ganzen Ersparnisse verloren.

Wie ist es Madoff gelungen, über Jahrzehnte so viele Menschen zu täuschen? Amir Weitmann, Insider der Finanzbranche, gibt Antworten. Er lässt die Opfer sprechen, bietet überraschende Einblicke in eine charismatische Persönlichkeit und zeigt die Mechanismen, die den Schwindel überhaupt erst möglich machten. Mit einem Nachwort zum aktuellen Stand des Verfahrens.

228 Seiten, broschiert, 13 Farbfotos
ISBN 978-3-280-05389-8

orell füssli Verlag